ちくま文庫

戦う石橋湛山

半藤一利

筑摩書房

目次

第二章　統帥権干犯《かんぱん》の残したもの

第三章　日本は満洲を必要とせぬ

第四章　理想国家とは何なのか

戦う石橋湛山

編集協力　井上喜久子

序章　その男性的気概

あくなき闘争

一九九三年八月号の『文藝春秋』誌上で、石橋湛山についてつぎのように紹介したことがある。

石橋湛山を評するひとは「鼻っぱしの強い男」「信念の大人物」「自説を曲げない頑迷の徒」などという。「石橋は理路整然として間違ったことをいう。だから反省がない。誤解をうむ。始末が悪い」とも。

しかし、この堂々たる信念と自信とで、戦時下の昭和に、『東洋経済新報』によって、一貫して自由の論調を少数意見として説きつづけたことは、いくら特筆してもし過ぎることはない。

昭和七年二月、社説「支那に対する認識」で、石橋は、支那は支那人の支那であり、日本人が満洲に勢力を占めるのは、結局支那人の住地たるほかないということを考えてかからなければいけない、と警告する。満洲事変で〝勝った勝った〟と日本中が有頂天になっているときにである。

「日本には、主義として一つも小日本主義を標榜する政党がない。この点において日本は実に挙国一致である。挙国一致で帝国主義を奉じている」

と、大正元年に書いていらいの石橋の主張である。かれは外にたいするいっさいの帝国主義・植民地主義に、断固として反対しつづけた。

八年十二月には、「軍部は何を勘違いしているか」を発表した。「軍部は言論の自由を抑圧しようという考えの下に、軍部批判をおそれて、反対者を売国奴視しようとするならば、大変な間違いである」と石橋は肥大化する軍部の権力に嚙みつく。

十五年、軍部の戦争政策を批判し除名された斎藤隆夫の、反軍演説事件では、「今日の我が政治の悩みは、決して軍人が政治に干与することではない。逆に政治が、軍人の政治干与を許すがごときものであることだ。黴菌《ばいきん》が病気ではない。その繁殖を許す身体が病気なのだ」と、石橋は説いた。猛威をふるう軍部を黴菌よばわりし、斎藤に絶大な援軍をさしむけた。

剛毅《ごうき》という言葉がある。リーダーには必要な性格であり、群衆を統御していく器量には、欠くことのできない要素である。さりとて思慮なくて剛毅なら猪武者になる。石橋は軽率な猪武者ではなかった。かれの言説や行動には、さきの小日本主義にみるように、その根柢にかれ独得の哲学的な思索があった。

そしてその生き方は、かれがその著作でしばしば引用する福沢諭吉の「その志を高遠にして学術の真面目に達し、不羈《ふき》独立もって他人に依頼せず、あるいは同志の朋友なくば、一人にてこの日本国を維持するの気力を養い、もって世のために尽くさざるべからず」の教えを、血肉化したものであった。

そして戦後――石橋は乞われて政界に入った。マスコミの大御所たるよりも、三十年余にわたるケインズ経済学を中心に蓄積した積極財政理論を、戦後日本再建のため役立てよう、とかれ自身が考えたからである。近代日本がどんな事情で軍国主義化したのか。石橋はこの原因の一つを、昭和初期のデフレーション政策に求めた。「インフレーションがよいというのではない。デフレが悪いのだ」といいつづけた石橋は、昭和二十一年、吉田茂内閣の蔵相として入閣、自由経済主義による戦後経済の大道を敷いた。

しかし「生産を増強し、雇用の完全化をはかり、生産と通貨の均衡を保つ」という石橋の拡大均衡論は、ＧＨＱと真っ向から衝突した。石橋は泣く子も黙るＧＨＱを相手に一歩も退かなかった。このため、こじつけた理由で、不運の追放処分をうける。

二十六年に解除となり政界に復帰、鳩山一郎内閣の通産相をつとめる。そして、いよいよ自身が首相の座につき、対中国関係改善と完全雇用を二本柱に、日本の国政のリーダーになったのは、三十一年暮のことである。このとき、野人首相の誕生を天下は喝采して迎えた。

就任の翌日の新聞は新首相の第一声を伝えた。

「石橋の顔にはインフレと書いてあるという人もいる。しかし積極財政を止めるわけにはいかない。失業者がなくなるほど仕事を増やして生産を三倍にあげるつもりで、それがいけないというのならいつでもやめる。オレは自分のしたいことをしたくて総裁になったまでだ」

石橋にとって政権とはあくまで国に尽くすための手段であり、目的ではなかった。しかし大きな落とし穴が待ちうけていた。首相になって一カ月後に過労がもとで、石橋は倒れた。さらに二十九日後、石橋は、公人として重大な国政審議に出席できないことは無責任きわまる、として、いさぎよく首相の座をおりるのである。側近の間では、代理首相をたてて政権を維持すべき、という意見が強かったが、石橋は「だめだ」の一言でしりぞけた。

目的に邁進できぬ首相というものを、かれは認めるわけにはゆかぬ。自他の区別なく、そんな首相を認めることなど金輪際できないことであった。哲学も論理ももちあわさぬ政治家にはとうていできない出処進退というしかない。

「私権や私益で派閥を組み、その頭領に迎合して出世しようと考える人は、もはや政治家ではない。政治家が高い理想を掲げて国民と進めば、政治の腐敗堕落の根は絶える」

重病の床にあって、石橋は政治理念の高揚を求めつづけたが、この言葉は死語ではなく、今日においてこそ、いっそう強く要請される。

「NOと言った日本人」という特集のなかのひとつとして書いたものであったが、ジャーナリスト出身の政治家石橋湛山の人となりと考え方の素描として、それほど間違ってはいないと思っている。

この短文で語ったとおりに、この人の一生をつらぬくのは、あくなき闘争といってもいいのである。その精神構造には敗退、断念、放棄、諦念、愚痴、消沈、自棄、失望、隠遁といったマイナスの面がみじんもみとめられない。たえず剛毅に弾圧などを恐れずに説きに説いた。言論の向かうところ障害があれば、いつも敢然と体を張った。

ひるまなかった。といって好戦的な荒々しさや粗暴さなんかはなく、その思考は細心であり緻密であった。かつ讃《たた》えるべきは持続性ということにあろうか。途中で投げるところがない。およそ嫌気とか倦怠とか飽きっぽさとは無縁なのである。

これにもう少しくわしい履歴を加えると、——石橋湛山は明治十七年（一八八四）、東京・芝二本榎に生まれ幼くして山梨県に移り、山梨の寺で育った。幼名は省三といった。父は杉田湛誓、日蓮宗の学僧で、名刹昌福寺の住職、のちに日布と名を改め、総本山身延山久遠寺の法主となる。母はきんといった。石橋は母方の姓である。山梨県立第一中学校を出て、早稲田大学で哲学を専攻、明治四十年に首席で卒業した。

この早稲田大学で、終生の師ともいえる田中王堂に出会う。増田弘教授によると、「王堂は、アメリカのシカゴ大学でジョン・デューイ教授に師事してプラグマティズムを学び、帰国後、この新しい哲学を日本人に紹介した人物である」という。そしてまた、湛山が大学で哲学を学んだころは、哲学界の主流はドイツの観念論哲学であったのに、それに関心を示さず、プラグマティズムに傾倒したことは興味深い、とも増田教授は指摘する。

たしかにこれは湛山を知るために欠かすことのできないところで、たとえば明治天皇崩御ののちの明治神宮建設が澎湃《ほうはい》たる世論になりつつあったとき、湛山はこれに猛反対した。そして、もし、先帝陛下の遺徳を記念せんとするなら、神社などではなく、広く世界民衆へむけての、ノーベル賞級の「明治賞金」を設定せよ、と提唱した。湛山がつねに、おかれた状況のなかに流されることなく、冷徹な眼で日本を客観化しえたのは、そうした実際的な合理的な思想を自分のものとしていたからであろう。

そしてそのいっぽうで湛山は生涯をとおして深い宗教的な心情をもちつづけた。大学を卒えると、本来は宗門に入る環境にある人となりであったが、ジャーナリストを志し、東京毎日新聞に入ったものの、半年ほどで退社し、明治四十四年（一九一一）一月、東洋経済新報社に転じた。哲学徒のかれが経済の知識を習得したのは、まったくの独学によるものであったという。

東洋経済新報社では、戦後の昭和二十一年に蔵相に就任して社長を辞任するまで三十余年にわたって、幅広い評論活動を精力的に展開した。その積極財政論、反戦反軍思想、小日本主義思想で〝野に石橋あり〟の評価は大いに高かった。大正十三年に同社主幹になったころから、折あしく政治情勢は急激に軍国主義化の勢いを強め、官憲との対決を深めていった。

とくに昭和初期の主幹としての湛山の戦いぶりはあざやかの一語につきる。

太平洋戦争がはじまり、当局の圧力がいよいよ加わり言論が完全に封殺されたとき、

「東洋経済は戦争中にもかかわらず自由主義を捨てていない」として軍部から目の仇にされた。社内からも、このさいは社の存続を考えるためにはいくらか同調すべきではないか、の声がでた。このとき、湛山社長は毫《ごう》もひるまずにいってのけた。

「新報には伝統もあり主義もある。その伝統も主義も捨て、いわゆる軍部に迎合し、ただ新報の形骸だけを残したとて無意味である。そんな醜態を演ずるなら、いっそ自爆して滅んだほうがはるかに世のためになる」

リベラリストとしての湛山の真骨頂のよくでている言葉といえようか。

言行一致の生涯

それほどに戦時下において反軍反戦思想をつらぬいた石橋が、昭和二十二年に占領軍総司令部から公職追放をうけたのはなぜなのか、の疑問はどうしても残る。石橋追放にかんする総司令部の覚え書きによると、その理由はこうである。

「東洋経済新報の社長兼主幹として、その編集方針において、アジアにおける軍事的、経済的帝国主義を支持、そして枢軸国家との提携を首唱し、西欧諸国との戦争不可避論を助長、労働組合の抑圧を正当化し、日本国民に対する全体主義的統制をすすめたことに責任がある」

なんということか。ほかの言論人のだれかと間違えたのではないかと思われるような、ごくごく通りいっぺんの罪状というほかはない。

日本側の公職審査委員会はこれにたいし「非該当」として石橋追放に反意を示したが、総司令部はきかなかった。そしてその証拠として、昭和十二年八月七日の『東洋経済新報』に掲載された社説の、「蔣氏の下野を勧告す」をあげてきた。これによれば、石橋は軍部と結託して、一、全体主義統制の強行を主張している、二、ヒトラーおよびナチスの経済政策を称讃した、三、大東亜共栄圏主義を支持した、四、西欧諸国との戦争を扇動した、などが明白である、というのである。

石橋は泣く子も黙るGHQにも負けていなかった。軍部との結託などどこを押せばでてくるというのか。これらの条項にいちいちに反論を加え、むしろ戦争開始までの過程で自分がやったことはその正反対であったと主張、長文の意見書をつきつけた。それがかえって総司令部の要人を刺激し、いっそう睨まれて追放は決定的になったという。

石橋はなお屈しなかった。

「事実無根の理由で追放されることは私の良心が許さない。内閣にとっても閣僚から追放者をだすのは不名誉なことではないか」

と、ときの首相吉田茂に訴え総司令部への抗議を要請したが、このとき、吉田首相はあっさりといった。

「しかし、きみ、狂犬に嚙まれたとでも思ってくれたまえ」

石橋はこの首相の態度に激怒し、吉田への不信を終生解こうとはしなかったという。そして昭和二十六年六月、追放が解かれて政界に復帰したとき、石橋は吉田に対抗して鳩山一郎首相をかついだ。このときの吉田の冷たさが因となっているといわれている。それほど、湛山は自分の追放は許されぬこととしたのである。

昭和三十一年十二月、自民党大会で奇跡の逆転劇を演じ、岸信介を七票の差で破り、首相の座についたとき、国民は喝采をもってそんな豪気な湛山を迎えた。ところが石橋は、

「私は国民の気に入らない政策もやる」

とぬけぬけといい放ち、それがまた国民に喜ばれた。政治評論家の阿部真之助が石橋首相の誕生を評していった。

「幣原《しではら》、吉田、片山、芦田、鳩山、みなこれ官学の出身である。俗に久し振りのことを『百年目』というが、早稲田から首相が現れた意義は官僚打破という点でも大きく、

地下にある大隈は我が意を得たりと高笑いをしているだろう」

国民が元気はつらつたる〝野人首相〟を歓迎したのもまさにそれであった。いわゆる〝戦後〟は終わり、いよいよ独立国日本として国家再建に突き進むにさいして、湛山の官僚制打破を期待したのである。それは静かなブームといってもいい大衆的な人気となり、声望となってあらわれた。NHKは月に一回の「湛山炉辺談話」を発表、民放も負けじと各界著名人との対談「石橋アワー」を政府をスポンサーに企画する、といった引っぱりだこであったのである。

湛山首相も大いにハッスルした。根かぎりこうした要望に応え勤めた。その抱懐するところの考えを国民に訴え、世論の賛成を求めてこれからの政治を行おうと湛山自身も考えていたからである。名古屋、大阪、九州、北海道と湛山は休む間もなく飛びまわり、説法をつづける。吉田前首相は、真面目にやりすぎるよ、もっと横着にやらねばいけない、と忠告した。小泉信三も外国の首相の例をひいて休養の必要を説いた。しかし湛山は耳をかそうとはしなかった。

結果はあまりにも無情なものとでた。三十二年一月二十五日、気管支肺炎で石橋は起き上がれなくなってしまったのである。

はじめは半カ月も静養すればいいであろうとのことで、同月三十一日開会の国会では施政方針演説は岸信介臨時首相代理がやり、〝石橋アワー〟も一時中止で鋭意健康回復につとめた。病状は少しもよくはならなかった。これは容易な病気ではないのではないか、と考えられ、二月二十二日に、四人の医師団による精密検査が行われ診断結果がでた。危惧したとおり「向こう二カ月静養加療を要する」。長期療養が不可欠というのである。

これでは首相として予算審議には一日も出席ができない。湛山首相を支えていた哲学が音をたてて崩れていく。首相としての働きのできないものを、首相として一日たりともみとめるわけにはいかない。かれの信条とするところからいえば、湛山は自分で自分を否定するほかはなかった。

その哲学と論理が、首相退陣の決意となってあらわれた。翌二十三日、石田博英官房長官が石橋首相の引退声明を読みあげ、内閣総辞職を発表した。石橋はこれをだれにも相談せずにひとりで決めた。声明書は岸首相代理と三木武夫幹事長にあてた書簡の形式をとっているが、よく石橋の心境が示されている。

友人諸君や国民多数の方々には、そう早まる必要はないというご同情あるお考えもあるかもしれませんが、私は決意いたしました。私は新内閣の首相として、最も重要な予算審議に一日も出席できないことが明らかになった以上は、首相としての進退を決すべきものと考えました。私の政治的良心に従います。また万一にも、政局不安が、私の長期欠席のため生ずることがありましては、これまた全く私の不本意とするところであります。

私の総裁として、また首相としての念願と決意は自由民主党にありましては、党内融和と派閥解消であり、国会におきましては、国会運営の正常化でありました。私の長期欠席が、この二大目的をかえって阻害いたすことになりましては、私のよくたえ得るところではありません。どうか私の意のあるところをおくみとり下さい。くれぐれも党内融和の上に立ち、党員一致結束して、事態の収拾をお願いしたいのであります。せっかくのご期待にそえないことは残念このうえありませんが、私はこれが、このさい私として、政界のため、国民のために、とるべき最も正しい道であることと信じて決意した次第であります。

何人もなし得ないようなまことに水際だった退陣で、国民はこれを読み粛然となった。

政治評論家の三宅晴輝は石橋湛山の退陣についてこう評した。

「多くの人は、のがれられないにもかかわらず、世論が高まってもノタ打ちまわって逃げ道を求め、いよいよ進退谷《きわ》まってのたれ死するのが常である。石橋湛山は芝居気があって、幕切れのいいところ、即ち余韻を残して引っ込んだ、というのでなく、彼は元来芝居気は乏しい――情緒やみれんは人間だからあったに相違ないが、それを乗り越えて、論理の帰着するところに従ったのであった。政治的良心に従う、というのは、こういう内容を持ったものであった」

そしてこの石橋退陣の報を知らされたとき、そのむかしを知るものはある種の感慨をもって、あの日の、あの堂々たる湛山の主張を想起したのである。

昭和六年の春のことである。前年十一月に東京駅で刺客にピストルで射たれた浜口雄幸《おさち》首相は、その後の回復もままならず、ついに四月十三日に内閣総辞職を決意した。そのときに湛山は『東洋経済新報』(以下、『新報』とする)四月十八日号の社説「近来の世相ただ事ならず」で、こう論じたのであった。

浜口首相の遭難後、首相は意識を回復せられた際に、辞意を決し、辞表を奉呈すべきであった。しかるに、これをなさず、偸安《とうあん》姑息を貪《むさぼ》ったために、遂に、この大国難の際に、我が政界を爾来見るごとき無道、無議会の状態に陥れた。その第一責任者は、なんといっても、遭難直後において、挙措を誤った浜口首相に帰せねばならぬ。浜口氏の遭難は同情に堪えぬが、氏の我が国を無道、無議会に陥れた罪悪に至っては、死後なお鞭《むち》たるべき罪悪といわねばなるまい。……

もしやむことを得なければ食を撤せよ、民に信なくんば立たず、と古聖はいわれた。信義は死よりも重し、これを今日に翻訳すれば、言行一致し得ぬ場合にはその職を去るべし、これがいわゆる食をすてるに当たると思う。いやしくもかくのごとくせざれば、どうして綱紀の支持が出来よう。どこに道義の堅守があろう。

まさしく湛山にあっては、その生涯は言行一致でつらぬきとおされたのである。昭和六年に浜口を裁いたように、昭和三十二年の自分を裁いた。石橋湛山とはおよそこのような人物であった。

かけがえのない証人

と書いてきて、あらかじめお断りしておくことになる。これからわたくしが書こうとしているのは「石橋湛山伝」といったような巨人の全容ではないのである。石橋湛山という人物について語るのはこれで終わりなのである。以下にはその人となりや長い生涯における業績などについてふれることはほとんどない。

では本書ではいったい何を書こうとするのか。

昭和五年のロンドン軍縮会議調印から六年の満洲事変、七年の満洲帝国成立、八年の国際連盟脱退とつづく、この短期間における、一連の事件をとおしての日本の言論そのものについて考えてみようと思うのである。言論がいかに歴史を動かしたか。そこに本書の主題をおいて縦糸とし、そして横糸にリベラリスト石橋湛山の主張をすえてみる。早くいえば、昭和史にとってかけがえのない貴重な証人として湛山を活用し、湛山をダシに日本のジャーナリズム史の一断面を織りあげてみようという魂胆、といったらいいか。

昭和初めのこの長いとはいえないあいだに、日本の言論は大きく揺れ動いた。揺れただけではなく、ほとんど一八〇度の転回をした。とくに大新聞の論調がそうであった。このときに石橋湛山のみはほとんど変わることがなかった。その信じるところをいいつづけてやまなかった。湛山は昭和史が直面した内政・外交・経済・社会・軍事のほとんどの問題について正面からとり組み、全身をもってぶつかり、その時点時点での実行可能とみる方策を考え、主張した。その言説は時代の流れに抗して孤軍奮闘のおもむきがあったが、気概にみち、ねばり強く、豪気で、むしろ小気味よくすらあった。しかも、いつも自己の信念の帰着するところにしたがっているから、右往左往などいっさいしなかった。揺れ動く新聞論調にたいして、まさしく絶好の鏡の役割をはたしてくれているのである。

第一章 「大日本主義」を捨てよ

植民地を放棄せよ

その開幕から、昭和二十年八月十五日の無条件降伏まで、よくいわれるように「昭和」は疾風怒濤の時代であった。そして、その巨《おお》いなる歴史の流れの基底に、つねに〝見果てぬ夢〟の満洲があった。南蒙古があった。いわゆる満蒙があったのである。昭和史はこの満蒙問題をめぐって破局へと一気に転げ落ちていった。

面積が日本本土のほぼ三倍の満洲は、夫余《ふよ》、女真《じよしん》とつづくツングース族の土地であり、清朝発祥の大地である。中国の版図では東三省（遼寧省＝奉天省、吉林省、黒竜江省）とよばれ、万里の長城の東北に位置するので「関外」「関東」「東北」ともよばれた。中国ではもともと西蔵《チベット》、台湾と同じように化外の特別地とみなされていたのである。

明治維新をへて近代国家への仲間入りをした大日本帝国が、この〝赤い夕陽〟の満洲の曠野《こうや》をはじめて意識したのは、明治二十七〜八年の日清戦争の結果であった。さらに十年後、シベリアより南下してきた帝政ロシアを敵として、その満洲で日本は国運を賭しての戦争を戦った。そのときの「宣戦の詔勅」には、こう書かれている。「露国は……依然満洲に占拠し、益々その地歩を鞏固《きようこ》にして、ついにこれを併合せんとす。もし満洲にして露国の領有に帰せんか、韓国の保全は支持するに由なく、極東の平和またもとより望むべくもあらず。……」

日露戦争（明治三十七〜八年）は、満洲の曠野を自存独立のための〝日本の生命線〟として、その主導権争奪をめぐり戦われたものであった。戦争は、十万の戦死者、二十億の国費を使ったが、リーダーたちの戦争指導のよろしきをえて、日本の辛勝で終結した。少なくとも国際的には勝者として講和条約に調印することができたのである。その結果として、ロシアがもっていたものを肩代わりし、日本は大きな権益を満洲の大地に獲得することができたのである。

「日清満洲に関する協約」で清国の承諾をえた特殊権益の主なるものは、つぎの六つということになる。

(1)関東州（大連市・旅順市を中心とした遼東半島の西南端）租借権〈二十五年間〉
(2)南満洲鉄道（満鉄＝長春〜旅順口間とその支線）経営権

(3)安奉鉄道（安東〜奉天間）経営権〈十五年間〉
(4)鉱山採掘および森林伐採権
(5)自由往来居住権および商工営業権
(6)鉄道守備駐屯権（一キロ十五名以内）

日露戦争後の日本の国策は、この大きな権益の保持、強化、発展ということを主眼として進められた。その大正から昭和への政策決定の推移をながめてみると、日本人にとって満洲とは何か、どんな意味をもっていたのか、ごく基本的なイメージがうかんでくる。

1、対ロシア（のちソビエト連邦）にたいする国防の生命線としての満洲。

このため明治三十八年九月に制定した関東総督の指揮下に、日露戦後は満洲駐留軍（一個師団・約一万の兵力）を創設する。これがのちに強大な関東軍へと発展する。関東軍とよばれるようになったのは大正八年。

2、開拓・収奪が大いに可能な資源地帯としての満洲。

このため明治三十九年十一月に南満洲鉄道株式会社（満鉄）が設立され、この鉄道を中心に産業を興し、日本本土への最大の資源供給基地たらしめようとした。資源なき日本はこれまで、鉄・石油などを英米の植民地からの輸入に依存してきた。いまやライバルとなりつつある英米への依存から脱却するためには、対等となるためには、満洲の資源がどうしても重要と考える革新派がどんどんふえていった。

3、日本内地からの未開の沃野への人口流出先としての満洲。

このため日露戦後から多くの日本人が海を越えて渡満した。農家の二、三男の土地なき農民たちから、挫折した人びと（失恋から左翼運動まで）がこれにつづいた。しかし、実際には満洲の曠野はどこでも開拓可能の一大沃野ではなく、三分の一が森林であった。必然的に、すでに中国人や韓国人らが開拓し住みついていた農場を、日本人が強権的に奪うことが多くなった。

こうして明治から大正にかけて日本は、産業を興し、強国への道をかけ上っていった。大正七年に終わった第一次世界大戦でも、日本は戦勝国の仲間に入り、世界五大強国の一つとまでいわれるようになったのである。しかし、その裏側で「機会均等」「門戸開放」政策をとるアメリカと、満洲の権益をめぐって対立を次第に深めていった。

さらに、明治末の辛亥革命によって清国が滅びたあと、中国では近代的な統一された国家を建設しよう、という国民革命運動がさかんになっていた。当然のことながら日清間の「協約」の早期消滅が叫ばれるようになり、日本はこの中国ナショナリズムとも正面から衝突せざるをえなくなった。そして国民革命運動が満洲や蒙古（いまのモンゴル共和国）にまで伸びてくるのを恐れた日本は、清朝滅亡後の混乱に乗じ、すばやく手をうって満洲の権益諸権利の期限を強引にひきのばすことに成功する。関東州租借を九十九年の半永久租借、安奉線もしかり。関東軍の強化。さらに商租権を新たに認めさせた。しかしこの「対支二十一カ条」の要求（大正四年）が、いっきょに全中国人の心のうちの反日排日感情をよび起こしてしまった。

その結果として、大正八年五月の、いわゆる五・四運動に代表される中国の、はげしい日本敵視という現実に直面し、もはや中国人の協力をえながら満洲を開発することの不可能を、日本は覚悟しないわけにはいかなくなったのである。

国防の戦略拠点としての満洲、重要資源地域としての満洲、それを保持、強化し、世界列強に伍する高度国防国家の建設を急げば急ぐほど中国には敵対視され、米英との関係はますます悪くなっていく。

長々と書いてきたが、昭和開幕を迎えたとき、政治家、経済人、そして言論人など日本をリードする人びとは、だれもがこの難問である「満蒙の危機」に直面したのである。『新報』主幹の石橋湛山がそこに入ることは書くまでもない。

昭和史における「戦う石橋湛山」をより正しく理解するためには、世界観、国家観、戦争観といったかれが抱懐する根本的な思想を知ることが、大切であるのはいうまでもない。かれの言論活動はすべてそこに発するからである。たとえば、湛山の軍備縮小論は徹底した戦争否定の理念に支えられており、戦争否定論はかれの文明史観、経済観念、さらにまた宗教的なヒューマニズムに根本をおいていた。

では、ジャーナリストとしての湛山の考え方がいちばんよくでている論説は何か。わたくしは大正十年のワシントン海軍軍縮会議にさいし『新報』に発表した「一切を棄つるの覚悟」（七月二十三日号）と「大日本主義の幻想」（七月三十日号、八月六日号、十三日号）という二つの社説をあげたいと思う。これらはまた、驚くべきことに、まるで今日の世界情勢を七十五年前に先どりして予見したもの、ということさえできる。それほどすぐれたものであった。

これらの論説で、過去の欧米列強の帝国主義による植民地経営が、一部の人びとに利することはあっても、国民全般にとっては採算がとれるようなものではないことを、湛山はまず具体的に論証した。したがって、二十世紀のこれからの世界は植民地の全廃に進むであろうし、それぞれの植民地が独立して新しい国家をつくることは目にみえている。そのうえに世界史の大きな流れは、やがては軍備を撤廃して世界平和を実現する方向に着々と進んでいる、と湛山はいいきったのである。

このような新時代を迎えたときに日本のとるべき道は？　湛山はいうのである。

例えば満洲を棄てる、山東を棄てる、その他支那が我が国から受けつつありと考うる一切の圧迫を棄てる、その結果はどうなるか、また例えば朝鮮に、台湾に自由を許す、その結果はどうなるか。英国にせよ、米国にせよ、非常の苦境に陥るのだろう。なんとなれば彼らは日本にのみかくのごとき自由主義を採られては、世界におけるその道徳的位地を保つを得ぬに至るからである。その時には、支那を始め、世界の小弱国は一斉に我が国に向かって信頼の頭を下ぐるであろう。インド、エジプト、ペルシャ、ハイチ、その他の列強属領地を、一斉に、日本の台湾・朝鮮に自由を許したごとく、我にもまた自由を許せと騒ぎ立つだろう。これ実に我が国の位地を九地の底より九天の上に昇せ、英米その他をこの反対の位地に置くものではないか。我が国にして、ひとたびこの覚悟をもって会議に臨まば、思うに英米は、まあ少し待ってくれと、我が国に懇願するであろう。ここにすなわち「身を棄ててこそ」の面白味がある。遅しといえども、今にしてこの覚悟をすれば、我が国は救わるる。しかも、これこそがその唯一の道である。しかしながらこの唯一の道は、同時に、我が国際的位地をば、従来の守勢から一転して攻勢に出《い》でしむるの道である。

以上の吾輩の説に対して、あるいは空想呼ばわりをする人があるかも知れぬ。小欲に囚わるること深き者には、必ずさようの疑念が起こるに相違ない。朝鮮・台湾・満洲を棄てる、支那から手を引く、樺太も、シベリアもいらない、そんなことで、どうして日本は生きていけるかと。キリストいわく、「何を食い、何を飲み、何を着んとて思い煩うなかれ、汝らまず神の国とその義とを求めよ、しからばこれらのものは皆、汝らに加えられるべし」と。

と「一切を棄つるの覚悟」で揚言した湛山は、つぎの長文の論文「大日本主義の幻想」でより詳細に、日本が満洲はもちろん「朝鮮・台湾・樺太も棄てる覚悟」をせよ、それこそが日本を活かす唯一無二の道であると論じた。

まず経済・貿易上の観点から、数字をもって朝鮮・台湾・関東州が日本の経済的自立のための重要な供給地とはなっていない事実をあげる。「この三地を合わせて、昨年、我が国はわずかに九億余円の商売をしたに過ぎない。同年、米国に対しては輸出入合計十四億三千八百万円、インドに対しては五億八千七百万円、また英国に対してさえ三億三千万円の商売をした」。すなわち経済・貿易を重視するならば、三植民地より後者三国のほうが欠くべからざる国であり、よっぽど重要な存在ということになる。

しかも、中国およびシベリアにたいする干渉政策が、経済上からみてどんなに不利益をもたらしているかを知るべきである。つまり中国およびロシア国民のうちに日本にたいする反感をいっそう高め、経済的発展の障害となっている。この反感は、日本が干渉政策をやめないかぎり、なくならない。それゆえに、結局のところ、

朝鮮・台湾・樺太を領有し、関東州を租借し、支那・シベリアに干渉することが、我が経済的自立に欠くべからざる要件だなどいう説が、全くとるに足らざるは、以上に述べたごとくである。我が国に対する、これらの土地の経済的関係は、量において、質において、むしろ米国や、英国に対する経済関係以下である。これらの土地を抑えて置くために、えらい利益を得ておるごとく考うるは、事実を明白に見ぬために起こった幻想に過ぎない。

ということになる。それではつぎに、国防上これらの植民地が大いに役立っているという説がある、この点はどうか。国防論さらには戦争論となって、湛山の筆鋒はい

ちだんと鋭くなっていく。

軍備を整えることの必要は、「他国を侵略するか」または「他国に侵略せらるる虞《おそ》れがあるか」この二つの場合以外にはない。侵略の意図もなく、侵略される恐れもないならば、警察以上の兵力は「海陸ともに、絶対に用はない」と湛山は、どんどん軍国主義化への道を選択しつつある日本国民に冷水を浴びせる。

そして、日本の政治家も軍人も新聞人も、異口同音に、わが軍備は他国を侵略する目的ではないという。では他国から侵略される恐れはあるのか。仮想敵国は以前はロシアだといい、いまはアメリカだという。では問うが、いったいアメリカが侵略してきて日本のどこを奪《と》ろうというのか。日本の本土のごときは、ただで遣《や》るといってもだれも貰い手はないであろう。むしろ侵略の恐れのあるとすれば、わが海外領土にたいしてであろう。それよりも何よりも、戦争勃発の危険のもっとも多いのは、中国またはシベリアなのである。

我が国が支那またはシベリアを自由にしようとする、米国がこれを妨げようとする。あるいは米国が支那またはシベリアに勢力を張ろうとする、我が国がこれをそうさせまいとする。ここに戦争が起これば、起こる。しかしてその結果、我が海外領土や本土も、敵軍に襲わるる危険が起こる。さればもし我が国にして支那または シベリアを我が縄張りとしようとする野心を棄つるならば、満洲・台湾・朝鮮・樺太等も入用でないという態度に出づるならば、戦争は絶対に起こらない、したがって我が国が他国から侵さるるということも決してない。論者は、これらの土地を我が領土とし、もしくは我が勢力範囲として置くことが、国防上必要だというが、実はこれらの土地をかくして置き、もしくはかくせんとすればこそ、国防の必要が起こるのである。それらは軍備を必要とする原因であって、軍備の必要から起こった結果ではない。

しかるに世人は、この原因と結果とを取り違えておる。謂《おも》えらく、台湾・支那・朝鮮・シベリア・樺太は、我が国防の垣であると。安《いずくん》ぞ知らん、その垣こそ最も危険な燃え草であるのである。しかして我が国民はこの垣を守るがために、せっせといわゆる消極的国防を整えつつあるのである。吾輩の説くごとく、その垣を棄つるならば、国防も用はない。あるいはいわく、我が国これを棄つれば、他国が代わってこれを取ろうと。しかりあるいはさようのことが起こらぬとも限らぬ。しかし経済的に、既に我が国のしかく執着する必要のない土地ならば、いかなる国がこれを取ろうとも、宜《よ》いではないか。しかし事実においては、いかなる国といえども、支那人から支那を、露国人からシベリアを、奪うことは、断じてできない。もし朝鮮・台湾を日本が棄つるとすれば、日本に代わって、これらの国を、朝鮮人から、もしくは台湾人から奪い得る国は、決してない。日本に武力があったればこそ、支那は列強の分割を免れ、極東は平和を維持したのであると人はいう。過去においては、あるいはさようの関係もあったか知れぬ。しかし今はかえってこれに反する。日本に武力あり、極東を我が物顔に振る舞い、支那に対して野心を包蔵するらしく見ゆるので、列強も負けてはいられずと、しきりに支那ないし極東をうかがうのである。

長すぎる引用となったが、ここは解説なんかより、やっぱり湛山自身の原文を味読するほうがいい。

昭和十年代の対米英戦争への道は、そして結果としての旧植民地各国の独立による戦後の世界の成立は、まさしく湛山が予言するとおりになったのである。しかし、当時の多くの日本人は、この湛山の訴えを空想として無視した。ばかりではなく、よりますます大日本帝国主義者となっていった。そして大戦争の揚句にもたらされたものは、惨憺たる経済的破壊をともなった国家敗亡であり、連合軍による他動的な植民地放棄であったのである。戦後日本は、なぜか湛山のいうとおりにして復興し、繁栄をとげたような気がする。

平和主義こそ唯一の道

湛山の論はさらに、人口問題解決策としての植民地経営におよぶが、それは略す。それよりもつぎに筆をつくして論じた、これからの国際政治上の観点から、のほうがはるかに読むものの胸に迫ってくる。つまり湛山は、これからの世界においてはいかなる国といえども、新たに異民族または異国民を併合し支配することはできない相談である、と喝破した。そればかりではない。過去に併合したものもだんだんにこれを解放し、大国はそれらの国に独立または自治を与えるほかはなくなるであろう。インドやアイルランドの情勢がそれを物語って余りある。と説ききたって、返す刀で一気に日本の国策を両断する。

これまた長文の引用となるが、湛山の真骨頂の雄論は、原文にみるにしくはない。

この時に当たり、どうして、ひとり我が国が、朝鮮および台湾を、今日のままに永遠に保持し、また支那や露国に対して、その自主権を妨ぐるがごときことをなし得よう。朝鮮の独立運動、台湾の議会開設運動、支那およびシベリアの排日は、既にその前途の何なるかを語っておる。吾輩は断言する、これらの運動は、決して警察や、軍隊の干渉圧迫で抑えつけられるものではない。それは資本家に対する労働者の団結運動を、干渉圧迫で抑えつけ得ないと同様であると。

彼らは結局、なんらかの形で、自主の満足を得るまでは、その運動をやめはしない。しかして彼らは必ずその満足を得るの日を与えらるるであろう。従ってこれを圧迫する方からいえば、ただ今日彼らの自主を、我からむしろ進んで許すか、あるいは明日彼らによってこれを捥《も》ぎ取らるるかという相違に過ぎぬ。すなわち大日本主義は、いかに利益があるにしても、永く維持し得ぬのである。果たしてしかりとせば、いたずらに執着し、国帑《こくど》を費やし四隣の異民族異国民に仇敵《きゅうてき》視せらるることは、まことに目先の見えぬ話といわねばならぬ。どうせ棄てねばならぬ運命にあるものならば、早くこれを棄てるが賢明である。

吾輩は思う、台湾にせよ、朝鮮にせよ、支那にせよ、早く日本が自由解放の政策に出ずるならば、それらの国民は決して日本から離るるものではない。彼らは必ず仰いで、日本を盟主とし、政治的に、経済的に、永く同一国民に等しき親密を続くるであろう。支那人・台湾人・朝鮮人の感情は、まさにしかりである。彼らは、ただ日本人が、白人と一緒になり、白人の真似をし、彼らを圧迫し、食い物にせんとしつつあることに憤慨しておるのである。彼らは、日本人がどうかこの態度を改め、同胞として、友として、彼らを遇せんことを望んでおる。しからば彼らは喜んで、日本の命を奉ずるものである。「汝らのうち大ならんと欲《ねが》う者は、汝らに使わるる者となるべし、また汝らのうち頭たらんと欲う者は、汝らの僕《しもべ》となるべし」とは、まさに今日、日本が、四隣の異民族異国民に対してとるべき態度でなければならぬ。しからずしてもし我が国が、いつまでも従来の態度を固執せんか四隣の諸民族諸国民の心を全く喪《うしな》うも、そう遠いことでないかもしれぬ。その時になって後悔するとも及ばない。賢明なる策はただ、なんらかの形で速やかに朝鮮・台湾を解放し、支那・露国に対して平和主義をとるにある、しかして彼らの道徳的後援を得るにある。かくて初めて、我が国の経済は東洋の原料と市場とを十二分に利用し得べく、かくて初めて我が国の国防は泰山《たいざん》の安《やすき》を得るであろう。大日本主義に価値ありとするも、すなわちまた、結論はこれに落つるのである。

つねに強気の湛山も、自分の論に承服しないもののいることをさすがに承知している。その反対論をさっさと先どりして自分のほうから答える。すなわち、列強が広大な植民地または領土をもっているのに、日本だけがなぜ狭小な国土に身を小さくしていなければいけないのか、それは不公平すぎるではないか、という反論がでるであろうと。あるいはまた、現実の事実として、広大な領土をもちながら、他国民がそこに入るのを許さない強国がある。かれらと今後とも長く競争していくためには、どこかに領土を拡げねばならない、という当然の議論がおきるであろうと。それも一応はもっともである。そこで、それらにたいして湛山は三点から答える。

第一に、もはや日本は領土を拡げようにも、それはできない。これを拡げることは周囲の諸民族、諸国家を敵とするにすぎず、実際上不利益になるだけである。

第二に、列強が過去に獲得した海外領土は、やがて独立すべき必然のもとにある。植民主義時代は遠からず終わるのである。

第三に、いまさら列強のやったことの真似ができないのであるから、むしろ逆に、列強にその領土を解放させるような政策を日本がとったほうが、もっとも賢明の策ということになる。さりとて、まさか武力で解放させることなど日本だけでできることではない。武力ではなく、行使すべきは道徳の力である。その道徳の力は、日本がまず四隣にたいして解放政策をとることによってのみえられるのである。

そして、列強が国境を閉ざして、他国のものは入れないというが、それは移民についてであって、商業は禁止されていない。となれば大事なのは領土ではなく資本ではないか。種々の制限があっても、資本さえあれば、「これを外国の生産業に投じ、間接にそれを経営する道は決して乏しくない」のである、と湛山はいう。もしその資本がないならば、いかに世界が経済的に自由に開かれていても、またどんなに広大な領地をもっていても、そこに事業を興すことはできない。ほとんどなんの役にも立たないのである。それゆえに資本を豊富にすることは急務である、と湛山は説く。そして、

資本は牡丹餅《ぼたもち》で、土地は重箱だ。入れる牡丹餅がなくて、重箱だけを集むるは愚であろう。牡丹餅さえたくさんにできれば、重箱は、隣家から、喜んで貸してくれよう。しかしてその資本を豊富にするの道は、ただ平和主義により、国民の全力を学問技術の研究と産業の進歩とに注ぐにある。兵営の代わりに学校を建て、軍艦の代わりに工場を設くるにある。陸海軍経費約八億円、かりにその半分を年々平和的事業に投ずるとせよ。日本の産業は、幾年ならずして、全くその面目を一変するであろう。

と、平和主義こそ唯一の道と提言するのである。

大正十年は、ときに湛山三十七歳のころである。天才には年齢はないというが、やっぱりその若さには驚嘆せざるをえない。四十歳前の、いわば書生っぽで、よくぞこれほどの世界観をもちえたものよ。しかもその説くところは、直輸入のイデオロギーや社会科学の法則や、だれかがとなえた世界史の原則といった借りものではない。他人の言説に照らして、それらを駆使して事を裁断するような面は皆無である。

湛山の論理基準はまことに明瞭。まず事実と数値によって事を正しく把握し、経済上の利益がどこにあるかを冷静に合理的に見通すまでなのである。そしてみずから考えだした論理を押しつめて、たどりついた結論が「小日本主義」。いいかえれば、当時の日本人の多くが抱いている「大日本主義」をあっさりと棄てよという、棄てたところで、日本になんらの不利をももたらさない。かえって大きな国家的利益となる、ということであったのである。

こうして湛山はこの社説をつぎのように結ぶのである。

朝鮮・台湾・樺太・満洲というごとき、わずかばかりの土地を棄つることにより広大なる支那の全土を我が友とし、進んで東洋の全体、否、世界の弱小国全体を我が道徳的支持者とすることは、いかばかりの利益であるか計り知れない。

そしてもし、こうしたヒューマニスティックな政策を日本がとっているにもかかわらず、アメリカやイギリスがなお横暴であり驕慢な政策をとって、アジアの諸民族ないしは世界の弱小国民を虐《しいた》げるようなことがあったらどうするか。そのときには日本が、その虐げられるものの盟主となって、断々乎として英米を膺懲《ようちょう》するべきである。

この場合においては、区々たる平常の軍備のごときは問題でない。戦法の極意は人の和にある。驕慢なる一、二の国が、いかに大なる軍備を擁するとも、自由解放の世界的盟主として、背後に東洋ないし全世界の心からの支持を有する我が国は、断じてその戦に破るることはない。もし我が国にして、今後戦争をする機会があるとすれば、その戦争はまさにかくのごときものでなければならぬ。しかも我が国にしてこの覚悟で、一切の小欲を棄てて進むならば、おそらくはこの戦争に至らずして、驕慢なる国は亡ぶるであろう。

しかし、わが大日本帝国は、この石橋湛山の提言「小日本主義」を「空想」であるとして採るはおろか、耳を傾けようともしなかった。それから五年にして昭和が開幕する。満蒙を守れの大合唱のなかで、湛山は、満蒙を捨てよという。朝鮮も台湾も捨てよという。ほかのものの眼からみれば、あまりにも理想主義に傾斜しすぎているとみられる湛山流の現実論であったかもしれない。

しかしそれを信条として、石橋湛山は、この疾風怒濤の時代にたいして面《おもて》をそむけずに立ち向かっていくのである。

第二章　統帥権干犯《かんぱん》の残したもの

対米七割海軍の夢

第一次大戦後の国際政治は、列国海軍の建艦競争に一定の制限を加え、海軍軍備の相対的地位を話合いによって調整しようとする動きが中心となった。大正十一年(一九二二)のワシントン軍縮会議にはじまり、昭和二年(一九二七)のジュネーブ三国会議、そして五年のロンドン軍縮会議へとそれはつづいた。

昭和日本が最初に直面した国際問題は、このロンドン軍縮会議であった。これを理解するために少しく時計の針を過去に戻して、ワシントン軍縮会議から考えていかねばならないのである。

ワシントン会議で日本は、海軍軍令部の強硬な比率七割の主張を抑えて、主力艦(戦艦・航空母艦)の保有比率を対米英六割と譲歩した。日本の国力の限界を知り、世界情勢の流れを見きわめ、そのなかで国防を考えるべきである、というときの海相加藤友三郎大将の決断によった。それは、軍備競争は国家的財政破綻をきたし、とうてい総力戦に耐ええないことになる、という卓抜した戦略観によるものであった。

しかし、このとき、六割海軍では国が守れない、七割以上の兵力が必要である、米英の身勝手な世界戦略と圧力とに屈したのは間違いである、とする強硬派がひそかに結成された。軍令部を中心とする提督や幕僚たちで、それに血気の青年士官があとにつづいた。しかし、加藤友三郎が盤石の重みをもって海軍の中心にあるあいだは、部内を毫《ごう》もゆるがせぬ統制のもとにおいていた。ところが、その加藤が大正十二年八月に死んだ。そのときから対英米強硬派は水をえた魚のごとくに表面に躍りだした。昭和はかれらに活躍の舞台を提供したのである。

すなわち昭和二年、連合艦隊司令長官に栄進した加藤寛治大将は、全軍に熱烈このうえない訓示を与えたのである。

「すでに艦隊にかんするかぎり、対米戦争は開始されているのである。本年の訓練はその心づもりにて行う。艦と艦とが接触するまでやってよい。舷々相摩《げんげんあいま》す肉弾戦こそ真の戦闘訓練である」

もちろん、対米七割海軍といい、六割海軍といい、戦術的な確かな裏づけがあったわけではない。およそ国家の安全保障というものは正確には計数化できないのである。

しかし、六割と七割という数字によって象徴された海軍部内の対立は、昭和に入って日一日と深刻さを加えていった。そのうえ、海軍全般の上に立つ強力なリーダーが存在していなかった。このため対米英強硬派と対米英協調派との表面化せざる対立抗争は、いまや沸騰点に達するのを避けることができなくなり、ついには火を点ずる問題に直面した。それが昭和五年（一九三〇）のロンドン海軍軍縮会議なのであった。

この会議は、前年のウォール街の株価暴落にともなう世界恐慌のあおりをうけて、世界中の国民期待のなかで一月二十一日から開催された。日本全権として若槻礼次郎と松平恒雄、さらに海軍大臣財部彪《たからべたけし》大将がえらばれ、ときの浜口雄幸内閣は閣議で、海軍の主張する三大原則を決定し発表した。主力艦は六割で妥協したが、こんど討議される補助艦総括（巡洋艦、駆逐艦、潜水艦）の所要兵力量は、アメリカにたいする比率を七割、そのうち重巡洋艦の対米比率も七割、そして潜水艦は現有勢力である七十一隻七万八千五百トンを保持する、この三つである。この七割・七割・七万八千五百トンが、会議開会前より合言葉としてしきりに新聞紙上などで叫ばれていた。

それには、ワシントン会議における譲歩の一因として、あのとき海軍当局が手をこまねいていたため、新聞と海軍の意思がうまく通じていなかったからだ、と考える漠たる背景があったのである。新聞によって世論をうまく導くことの必要性である。そこで会議開催にさきだって、海軍次官山梨勝之進中将、軍令部次長末次信正中将らが新聞社の代表を招いて小宴をひらき、三大原則を示してその後援を乞うたのである。このときの席上のことである。朝日新聞社の緒方竹虎編集局長が、

「会議には相手があるのだから七割が通らんかも知れんが、もし通らなかったらどうするか」

と質問した。たいして海軍当局は、

「そのときは改めて相談する」

と答えるという一幕があった。新聞社側には、七割を紙面で主張するのはいいが、もし通らなかったら、急にその論調を変えるわけにはいかない、という深い懸念があったのである。しかし、海軍当局の保証もあり強い要請でもあるので、大新聞はいっせいに会議の成功をのぞみ、かつ七割・七割・七万八千五百トンが国防の最低限度であるとの主張を掲げた（高宮太平『人間緒方竹虎』）。

この三大原則の公表がはたしてよかったのかどうか。特派員として会議にのぞんだ時事新報の伊藤正徳の回想がある。

「会議の直前に、佐分利公使の告別式の席で私の肩をたたく人がある。ふり返ると本多熊太郎大使である。大使は私の顔をみるなり、『君、今度も駄目だぜ。初めから七割を公表してその通りになるはずがないじゃないか。海軍は頭が悪い』と吐きだすよ

うにいった」

これは本多大使のいうとおりであった。外交とは腹芸を要する大仕事なのである。それが証拠に、全権団がアメリカ経由でロンドンへ向かう途中、若槻はアメリカ大統領フーバーと会見し、晩餐の饗応をうけた。このとき若槻が「主力艦では六割と譲歩したけれども、巡洋艦ではどうしても七割でなければならない」とそっと相談をもちかけたところ、フーバーは即座に「ノー」と強く答えたという。

こうして会議の前途にはすでにして暗雲がたちこめていたのである。そして案の定、日本の七割の主張は通らなくなり、新聞は引っこみのつかない立場に追いやられ、その主張もかなりぎくしゃくすることとなるのである。

このとき、ひとり石橋湛山の『新報』のみが颯爽《さっそう》とわが道をいった。会議が開催されると同時に、一月二十五日号の社説で、何があっても会議を成立させるべしと主張、その主張を変えることなく最後まで一貫して押し通すのである。

ロンドン軍縮会議の幕は、いよいよ切って落とされた。記者は、人類一般の幸福のため、なかんずく我が国民の幸福のためひたすら本会議の成功を祈念する。ついてはこの際記者は、我が財政の側面からいかに本会議の成功が我が国民のため必要なるかの一端を記して、読者の参考に供したいと思う。

と、湛山は社説「倫敦《ロンドン》軍縮会議の財政的重要性」を書きおこし、説いている。海軍費が国家歳出の三割を超えたのが大正十年、それは八八艦隊を建造せんがためであった。それはとても日本の財政に耐えうるところではなかった。そのとき「偶然ながら大正十二年の大震災前にワシントン会議が開かれ、成功していたことは、我が国にとっては実に非常な救いであった」とワシントン会議の締結を全面的に肯定する。しかし同会議以後も、今日まで補助艦建造競争は激化するいっぽうであり、日本の補助艦建造費は大正十一年以後八億二千余万円にのぼった。しかも、この経費はますます増加することはあっても、減少する望みはない。湛山独特の経済的視点である。

ところが、またしても救いというべきロンドン会議がひらかれる。とはいうが、まともにいっても、この会議は財政的にはまことに意義がとぼしいようなのである。なぜなら、補助艦保有量を対米七割とすれば三十八万余トンとなり、これを現有勢力に比較すれば二万四千余トンの縮小、毎年の節約額は六百万円にすぎない。対米六割としても節約額は高が知れている、と湛山は説きたって、さらに一歩筆を進める。

しかしこれはただ目先の勘定である。もし何かの故障で、この会議が決裂するがごときことあらば、その結果はどうかと考えればすぐわかろう。補助艦建造競争がどこまで過激に赴くかのわからぬはもちろん、恐らくはワシントン会議の成果（主力艦代艦建造期延期はまた今度の会議の大問題であろう）までも危険に面するであろう。このことを思えば、今回の会議はすこぶる大なる財政的意義を有するといわねばならぬ。

記者はかつてワシントン会議の際にも強く主張したのであるが、もし列国に真に戦争を避くるの誠意があらば、軍備は縮小といわず、断然撤廃すべきはずのものである。我が国民はこの際いたずらに区々たる比率問題などにとらわれず、ぜひともロンドン会議を成功せしむるとともに、進んで軍備撤廃の方向に世界を指導するの意気を示さんこと、記者の切望するところである。

ここに湛山の真骨頂がある。七割はおろか六割にも固執しない、比率なんかの問題ではないのである、といわんばかりの主張はひときわ際立っている。そしてワシントン軍縮会議いらいの持論ともいうべき「軍備撤廃」をも提唱する。湛山自身は「軍備撤廃」を「軍縮」の一環としてとらえ考えているが、それは明らかに世人一般の考える軍縮の定義の枠をはるかに超えるものであったのである。
しかし、現実の流れは、そうは簡単に問屋がおろしてはくれなかった。

財政の救い主

ロンドン会議の討議は、たちまちに補助艦の対米英七割を主張する日本と、六割を主張する米英両国とが対立した。交渉はいきづまった。しかし、三月中旬に、日米両国代表はギリギリのところで妥協点を見いだした。重巡は対米比率六割、潜水艦は日米英とも同量の五万二千七百トンとそれぞれ削られたが、補助艦の総括トン数においては対米比率六九・七五パーセント、七割に足らざること〇・二五パーセントに議論は落着こうとした。このへんで我慢すべきであると考えた若槻全権は、これで協定を結んでよろしいか、という請訓電報を東京へ送った。三月十五日のことである。もしこれが呑めないならば、会議は決裂、全権団は退場するばかりとなろう。

そしてこの電報が東京へ着いたときから、激論が日本を二分して戦わされることとなった。とくに当事者である海軍部内は、妥結か決裂かをめぐって二つに割れた。軍令部長加藤寛治大将、次長末次信正中将、作戦班長加藤隆義少将をいただく軍令部側は、七割海軍を固持し、猛反対した。たいする対米英協調の国防論に立つ海軍省側は、不満は多かろうがひとまず協定すべきであるという意見に統一された。海軍次官山梨勝之進中将、軍務局長堀悌吉少将、高級副官古賀峯一大佐がその中心の陣容である。

論争は二週間もつづき、海軍首脳は苦悩した。そしてこのかんに、はじめは七割・七割・七万八千五百トンの主張をつづけていた新聞が、ごく自然の流れであるかのように、譲歩してでもいい、会議を成功せしめるべしという論説を掲げるようになっていった。新聞社の良識がそのままに紙面に現れたのである。政府は新聞の応援をうけて、会議をまとめる方針をいっそう固めていった。

三月二十七日、浜口首相は政府の回訓案《かいくん》（返報）を決定し、参内して天皇に単独拝謁し、天皇がロンドン会議の分裂を欲していないことを確認、この比率で軍縮条約を結ぶことを決意した。こうして三月三十一日に正式起案された回訓案は、翌四月一日海軍側に提示され、海軍側の希望による三カ所ほどの修正をへて、閣議にまわされた。そして正午すぎには全閣僚一致でこれを回訓として決定した。いわば儀式というか、手続きは遺漏のないように万全にとられたのである。

軍令部長加藤は、海軍首脳会議の席上、わずかに発言して、

「米国案の兵力では用兵作戦上困ります。米国案の兵力では……」

と反対意見らしきことをいったが、過去の軍縮会議では「条約上の兵力量」を決定するのは政府（海軍省を含む）の責任と権限であり、軍令部の意見は〝参考〟にすればよかった。これが海軍の不文律的な伝統であった。加藤の消極的反対の発言は、その意味からは、参考にとどめればよいと列席のだれもが思ったのである。

こうして海軍の足なみはやっとそろった。最善でなく次善ではあるが、条約を締結する、そのうえで条約外の戦力（たとえば航空機）の増強をはかり、政府や産業界の後援をえて、国防を安泰にさせるべく努力する、この一点で海軍はまとまった、と思われた。

山梨次官の詳細な報告をうけたとき、最長老の東郷平八郎元帥はいった。

「いったん決定された以上は、それでやらなくてはならない。いまさら、かれこれという筋あいではない。この上は海軍部内の統一につとめ、愉快な気分で上下和衷協同、訓練の励行に力をそそぎ、質の向上により、海軍本来の使命に精進することが肝要であろう」

同じく長老の元帥伏見宮博恭《ひろやす》王の意見もまた、東郷と同じように明快なものであった。

「海軍の七割の主張が容れられなかったのは遺憾ではあるが、諸官の努力にたいしては大いに感謝する。すでに閣議決定があった以上、これ以上運動がましいことをするのは、かえって海軍に不利となるだろうから、今後は内容充実に向かって計画実施をすすめ、その欠けたところを補うよう努力することを望む」

不満は残るが、海軍全体がこうした良識のもとに結束し、ロンドン条約は四月二十二日に調印されることとなった。

石橋湛山はもちろん、そのことを大歓迎、四月十九日号の社説「ロンドン会議による製艦費節約額」を書いている。大観して世界はロンドン会議以前のような補助艦の建造競争からは救われた、としたうえで、

ワシントン会議より一歩を進め、ジュネーブ会議の轍をふまなかっただけでも、このたびのロンドン会議は世界人類のために慶賀すべき成果を収めたといわねばならない。

と喜んだ。そしてそこは財政家らしく細かく計算を試みたのちにこう結論する。

いま前記主力艦建造費の節約年額六千一百万円ないし七千三百万円を、右の補助

艦建造費の節約年額に加うると、ロンドン会議による我が製艦費の節約額は年額八千五百五十万円ないし九千七百五十万円に上る。しかもこれに主力艦建造および補助艦増建に伴う人件費および維持費の増加を考慮すれば、ロンドン会議による我が海軍費の節約額は年平均恐らく一億二、三千万円に達するであろう。もしロンドン会議なかりせば、少なくもこれだけの海軍費は年々必要とせられたわけで、金解禁後の我が財界が到底かかる負担に耐え得ないことは明らかである。軍縮会議はここに重ねて我が財政の救い主となった。

手放しの喜びようであり、高い評価である。たしかに、国家歳出十六億円内外の当時の予算からみれば、一億二〜三千万円の節約は、国民にとっては心から慶賀すべきことであった。こうして万事は円満順調に終わる、かのようであった。だが、いざロンドンでの調印の前日の四月二十一日、歴史の歩みは大きく逆転した。

良識を示した言論界

その日（二十一日）軍令部第二課長野田清大佐が軍令部次長の代理として、海軍省に堀軍務局長を訪ね、通牒「軍令機密第六七号」を手渡した。

「海軍軍令部ハ倫敦《ロンドン》海軍軍縮条約案中、補助艦ニ関スル帝国ノ保有量ガ、帝国ノ国防上最小所要兵力トシテソノ内容充分ナラザルモノアルヲ以テ、本条約案ニ同意スルコトヲ得ズ」

この段階になって明確な反対論を突きつけられた堀は、あぜんたる想いで問いただした。

「これは条約に反対であることを、すぐ政府に交渉せよという意味であるか」

野田は端然として答えた。

「いや、これはただ条約に同意しないということを、手続きとしていっておくためのものである」

また、翌二十二日に加藤軍令部長は通牒撤回を切言《せつげん》しにきた先輩の岡田啓介大将に、はっきりといった。

「なぜ二十一日を選んでこれを発したかといえば、実を申せば、自分は条約調印前に辞職を決行したかったのである。ところが代理の海相（浜口首相）に辞職を申し出てはいけないという意見もあったので、今日までずるずるきてしまったためである。財部海相がロンドンにて条約に署名する前日に、あの文書が海軍省に手渡されている。

ここが大事なところなのである」

つまり、この通牒は軍令部長の辞表がわりのものであり、軍令部側から海軍省へ突きつけた果敢な挑戦状であることを、加藤は語ったのである。それは軍令部がロンドン条約受諾に同意した事実はまったくない、ということを内外に主張するものとなった。

この軍令部の土壇場での反対論をうけて、折から開会した第五十八特別議会において奇ッ怪な騒動がもちあがった。「統帥権干犯《かんぱん》」問題である。野党の政友会が牙をむいて政府に噛みついたのである。このように国防問題が政界にもちこまれ、内閣打倒のための政争の具とされたうらには、議会開会数日前に、犬養毅、鈴木喜三郎、鳩山一郎ら政友会幹部が、軍令部次長末次中将とひそかな会合をもったという事実がある。小田急沿線の鶴巻温泉でのこの会合で、かれらは統帥権の何たるかについての討議を十二分にし、意見統一をみていたのである。

四月二十五日、議会冒頭の施政方針演説で、首相につづいて幣原喜重郎外相が述べた。

「協定の結果、わが国にとりまして軍事費の節約は実現されうることになり、しかも少なくともその協定期間におきましては、国防の安固《あんこ》は充分に保障されておるものと信じます。……政府は軍事専門家の意見をも十分に斟酌し、確固たる信念をもってこの条約に加入する決心をとったのであります」

この外相演説にえたりや応と犬養、鳩山らが喰いついて、雄弁を本会議場の壇上からふるった。鳩山は質問演説で政府を正面から攻撃した。

「国防計画を立てるということは、軍令部長または参謀総長という直接の輔弼《ほひつ》の機関があるのである。その統帥権の作用について直接の機関があるにかかわらず、その意見を蹂躙《じゅうりん》して輔弼の責任のない、輔弼の機関でないものが飛び出して来て、これを変更したということは、まったく乱暴であるといわなくてはならぬ」

国防兵力量の決定はそもそも統帥事項である。一歩退いて考えても、「内閣と統帥部の共同輔弼事項」である。それを浜口内閣は直接の輔弼機関たる軍令部の同意をえずして勝手に兵力量を決定した、これは明らかに〝統帥権〟をないがしろにしたものだ、と雄弁家たちが論じたのである。

この演説に火をつけられた世論は大きく揺れた。深刻な経済不況や政治の混迷、またくすぶりはじめた満蒙問題などの世相を背景に、現状打破勢力が一気に力をえて、政府が強引に統帥権を干犯して兵力量を決したかのような事実が、巧妙に形成されていった。条約反対派や右翼団体の不満が一時に爆発した。

これにたいし、ここで注目すべきなのは、新聞や雑誌が冷静に政府を支持しての論陣を張ったということなのである。マスコミは一致して健全さを保って、世論をリードした。

四月二十六日の朝日新聞（以下、朝日）は、その社説できびしく政友会を批判した。

「ロンドン軍縮会議について、政友会が、軍令部のいあく上奏の優越を是認し、責任内閣の国防に関する責任と権能とを否定せんとするがごときは、……いやしくも政党政治と責任内閣を主張すべき立場にある政党としては、不可解の態度といわなければならぬ。しかもそれが政党政治確立のために軍閥と戦ってきた過去をもつ犬養老と、政友会の将来を指導すべき鳩山君の口よりして聞くにいたっては、その奇怪の念を二重にしなければならないのである」

軍令部は、さながら政友会に応援演説を送るかのように反駁する見解を発表した。

「その由来するところを明示せず、軍令部長が国防の安固を期するに十分ならずとし、同意を表せざる協定兵力量をもって、国防は充分に保障せられたりとするがごときは、妄断と認むるほかなきのみならず、軍令部の存在を無視し、その職権に容喙《ようかい》したる越権の所説にして、統帥権の侵犯たるをまぬがれず」

東京日日新聞（現毎日新聞、以下は毎日）もこれに負けてはいなかった。五月一日の社説で、正面から統帥権干犯問題を論じた。軍令部長は憲法上の機関ではない。それを国務大臣あるいはそれと同等以上の職責があるかのごとくとり扱い、軍令部の反対意見無視を統帥権干犯となすがごときは「途方もない謬論《びゅうろん》である」といいきった。そしてこのような意見がでること自体が、

「明治以来の歴史が事実上、必要以上の勢力を軍閥に持たせたためである」

と、軍に臆せずに刃向かった。

さらには五月十五日の社説「戦いを開け　軍部の特権に向かって」で、

「憲政の癌といわるる軍部の不相当なる権限に向かって、真摯なる戦いの開かれんことをわれらは切望する」

と追討ちをかけ、軍部を〝癌〟とまできめつけている。

そういえば、癌よばわりでは朝日のほうが毎日よりもさきであった。五月一日の社説で、「ロンドン海軍条約に関して、統帥権の問題が政局に大きなうづを巻き起こそうとしている。この問題は今日はじめて起こった問題ではなくて、我が国憲法政治のがん、しゅともいうべき問題である。これを早く解決しておかないと、いつまでも、我が国の立憲政治が、軍部の側から脅かされることによって、正常な発達を妨害される結果になる……」とはげしく論難し、

「政友会も、政党政治の立場からは、民政党とともにこの機会に年来の懸案であり、わが立憲制度のがんである、この問題の解決をなすべきではないか」と訴えて、統帥権の問題が将来の日本の死命を制するものになるやもしれないとの予見を示している。

こうして、朝日新聞といい毎日新聞といい、言論機関が軍部にたいし正論をもってする颯爽《さっそう》たる挑戦ぶりを書くことは、ほんとうに快いことである。そしてより楽しいことは、つぎがわが石橋湛山の登場なのである。これはもう書くまでもなく、この一大論争において、湛山は政府を全面的に支持し、軍令部や政友会や民間右翼などが主張する統帥権干犯論を一刀両断する立場をとっている。

五月三十一日号『新報』に「統帥権の要求は議会制度の否認」を社説としてのせ、こう論じた。それは正論中の正論というべきものである。あまりに長い引用となるけれども、値すると考えられるので、あえてのせることにする。

……軍令部側の主張によれば、政府がかく軍令部の意嚮《いこう》に反して回訓を発したのは、軍部の独立を侵し、その統帥権を干犯するものだというのである。いわゆる統帥権問題はここに起こるわけで、これが今回の軍令部対政府の軋轢《あつれき》中の根本問題である。しかも回訓の内容は兵力量に関するものであるから、軍令部側がここに主張する統帥権なるものは単に兵力の技術的運用権を指すのみならず、実に兵力量の決定権、いわゆる編制大権をも含むものである。

と、湛山は統帥権問題を正確にとらえて、

しかも、軍令部が今や声を大にして主張しつつある前記の統帥権なるものは、既に今日の時世においては許すべからざる怪物である。軍事に関して大権を規定した憲法第十一、二条の解釈、ないしは過去の慣例等について論議するまでもなく、およそ公明なる議会政治の下において、結局は国民の負担たるべき兵力量の決定が、議会と内閣を離れたる軍部の帷幄《いあく》上奏のごとき冥暗裡の作用によって左右させらるることの不当なるはいうまでもない。ことごとに政府の政策に反対しつつある記者も、この点においては絶対に政府の態度を支持したいと思う。

あるいは、現在のごとく政党の腐敗堕落せる時代においては、国防の大事を内閣に一任するはすこぶる危険であるとの憂慮が、いま軍令部の態度を硬化せしめつつあるのだとも伝えらるる。しかしながら政党の腐敗と兵力量決定権とはおのずから問題が別である。政党の腐敗の故に、兵力量決定権を帷幄（註＝統帥部）の中に取り入れんとするならば、啻《ただ》に兵力量決定権のみならず、およそ国民の安危にかかるすべての決定権を帷幄の中に保留すべきであって、その結果は結局議会政治の否認である。

されば、この問題に対する政友会の態度が、議会の討議においてもすこぶる曖昧を極めたのはむしろ当然である。政友会があくまでも軍令部を支持して政府を攻撃するならば、結局自ら議会政治を政党の活動を否認し、自縄自縛の禍《わざわ》いを将来に貽《のこ》すものにほかならない。

と論じたのである。

ここで注目しなくてはならないのは、軍部が主張する統帥権が〝許すべからざる怪物〟と湛山が正確にとらえていることであった。憲法第十一条「天皇ハ陸海軍ヲ統帥ス」によって天皇の軍隊指揮権（統帥権）は決定されている。そして第十二条には「天皇ハ陸海軍ノ編成及常備兵額ヲ定ム」とある。この第十二条は、第五十五条に規定されている国務大臣の輔弼《ほひつ》事項であるのか、いやそうではなく第十一条の統帥大権にふくまれたものなのか。統帥権干犯問題とはその憲法の解釈と運用をめぐっての論争であったのである。それを湛山は、議会と政府とが関与しえないような統帥権は存在を許してはならない「怪物」である、と断定するのである。

なるほど政党政治の現状は危なっかしく、汚職などが相次ぎ不安があるかもしれない。しかし議会制民主主義は守らなければならないのである。そのためにも軍部の強引な政治介入をわずかたりとも認めてはならない。湛山はそう説いて、軍部（軍令部）と政友会などに心からの忠告を送ったのである。

のちに昭和史をあらぬ方向に動かしていく統帥権という「怪物」のことを考えると、このときの言論界の一致した軍部にたいする批判と忠告は、まことにあっぱれなものであった。そしてこの時点での、立憲制の「癌」であり「怪物」である統帥権にかんする言論界の解釈は、正当かつ寸毫《すんごう》もゆるがぬ強固さをもっていた。憲法学者美濃部達吉は『中央公論』を主として他の雑誌や新聞で、「統帥大権は編成大権に及ばず、兵力量の決定は純然たる国務上の大権であり、もっぱら内閣のみが輔弼《ほひつ》の責に任ずべきである」と明快に論じた。言論界はひとしくそれに異論をもっていなかったのである。

もうひとつ、わが湛山の雄勁《ゆうけい》な筆力が示す正々堂々の論を引いておこう。

陸海軍の統帥は無論天皇の大権に属するが、しかしながら天皇の大権はひとり陸海軍の統帥のみならず、一切の政治に及んでおる。もしも陸海軍の統帥が天皇の大権に属すが故に、内閣これに関与すべからずとせば、他の一切の政治もまた天皇の大権に属すが故に、内閣これに関与すべからずということになろう。これ、常識の断じて許さざる不論理だ。のみならず我が憲法は、天皇を輔弼しその責に任ずる者は、国務各大臣のほかにあらざることを明記しておる。陸海軍統帥についてまた天皇を輔弼しその責に任ずる者は、国務大臣のほかにあるべきはずがない。果たしてしからば、技術上軍人が、政府の決定に苦情を唱うるは、あたかも鉄道技師が、鉄道大臣の決定に苦情を唱え得ると等しく勝手であるが、いやしくも陸海軍をもって彼らの独占事業のごとく振る舞うは、国憲破壊の所業と評せざるを得ない。

胸がすくような軍部批判を見よ、である。統帥権の野放しを戒める快論である。この良識があと何年もったか。そこに昭和史の悲劇があったのである。(2)

急進派の反撃

ロンドン海軍軍縮条約は、このあとも条約批准をめぐっての論議が、政府対枢密院の対決という形で尖鋭化した。新聞はこのときも政府を支持して、きびしく枢密院を批判した。ここでは朝日の主張だけをあげておく。

「政治上無責任の地位におり、また国民の代表機関でもない枢密院が責任政府以上の権力を発揮し、その時々に有する政治的色彩によって反政府的意見を奉答しては、立憲政治は根本から覆さるるのほかはない」(七月二十七日付)

国策決定の責任は政府にありとする明快このうえない論である。また、統帥権干犯にたいする主張も不明瞭なところはちっともみせてはいない。

「軍令部条例のいかなる条項も、根本法たる憲法第五十五条の国務大臣の輔弼と対抗して、当然に重要国務たるべき兵力量決定に関し、別途の意見を有しうべき理由はない」(八月二十四日付)

こうしてロンドン軍縮条約は、ジャーナリズムの一致した応援をうけつつ、このあとさまざまな事件をうみつつも、枢密院本会議で満場一致によって可決され、十月二日に波乱にみちたその批准は終わった。それはまさに世論の勝利というものであった。朝日は九月号の縮刷版の「九月　重要記事」のなかで、軍縮条約の成立を総括し、ペンの力に自信を示した。

「一部保守論者を除いた世論がことごとくロンドン条約を支持し、政府がこの世論の潮流に乗って条約成立のため強硬な態度を持続しえたことである。すなわち、学者、言論機関の一致せる条約支持論が元老重臣方面にも影響したことはもちろん枢府《すうふ》顧問官の意見をも動かすに役立ったのである。これを一口にしていえば、時代の力が枢府を敗北せしめたものといえよう」

たしかに、そこには「世論の潮流」「時代の力」というものがあった。昭和四年のウォール街の株価暴落による世界恐慌のあおりをうけ、いよいよ深まる不況のもと、会議の決裂にともなう建艦競争に国民の生活は耐ええなかったのである。政府も言論もその勢いと力を頼んで臆することはなかった。その結果は、政府が軍の横車に屈しなかった唯一の例を、昭和史のなかに残すこととなったのである。

しかし、反面で、その影響はあまりにも大きかった。支払わねばならない代償(3)が、だれも想像できないほどに高くついたのである。軍縮問題をめぐって急激に高められた国防の危機感が、いよいよ軍部や民間の急進派に緊迫感を抱かせることになる。いったんは退いたとはいえ、反対派の興奮は終息するどころかこのあと高揚の一途をたどる。

そのひとつに、強硬派軍部の新聞界にたいする反目と不信というものがあった。「米英に押しつけられたロンドン条約」に反対するかれらにとっては、七割・七割・七万八千五百トンのいわば合意をくつがえし、政府に加担し、論調を条約締結に賛成に変えていった新聞は許されないものであったのである。それを象徴するかのように、条約が調印された直後のころから奇ッ怪な噂が流されはじめた。それは緒方竹虎（朝日）、岡崎鴻吉《こうきち》（毎日）、伊藤正徳（時事新報）の三編集局長が、アメリカのキャッスル大使から三百万円をうけとり、それを都下言論界に分配し、米国案に賛成の論陣を張らせたというものであった。いわゆる「キャッスル事件」である。

当事者のひとりの伊藤正徳は書いている。

「余りの非常識を笑殺していたが、やがて某業界紙が書き立てたので、それを告訴して追究した結果、驚くべし、出所が軍令部の某有力提督であることが判って、われわれは開いた口が塞がらなかった」（『大海軍を想う』）

さらに伊藤は、当のキャッスルがこの噂を聞いて大笑いして語ったという感想も書きとめている。

「不幸にして米国の国務省はこの種の運動費を一文も持っていない。出すなら自分のポケットから出すほかはない。かりに私が大金持ちだとしても、アメリカ海軍の比率を何分何厘か上げるために、私が個人で三百万円の大金を出すという義理はないはずだ。随分と馬鹿げた日本の噂である」

伊藤がいうように、日本の大新聞が、外国から金をもらって国の利益を売るかのように錯覚したところに、あるいは民衆がこんな馬鹿げたことを信ずるものと錯覚したところに、軍令部の某提督たちの愚かさがあった。それに相違はない。しかし、それほどまでに軍部は国防の危機感にいらだち、心をかりたてられていたのである。そこからうまれるものは生硬な条約反対論であり、強烈な反英米感情であった。

政党政治頼むに足らず、軟弱外交は許しがたし、そして言論界また信ずべからず。こうした状況下で軍部の急進的将校たちはある方向へとその意思を統一していった。その具体的なもののひとつとして、橋本欣五郎中佐、長勇《ちょういさむ》少佐たち陸軍の中堅将校が桜会を結成し、国家改造のためにクーデターも辞さぬと、行動を起こそうとした事実がある。それは、枢密院でロンドン条約批准が確定した九月下旬のことである。その設立趣意書は、

「今やこの頽廃し竭《つく》せる政党者派の毒刃が軍部に指向せられつつあるは、これを『ロ

ンドン』条約問題について観るも明かなる事実なり。……故に吾人《ごじん》軍部の中堅をなす者は充分なる結束を固め……進んでは強硬なる愛国の熱情を以て腐敗し竭《つき》せる為政者の腸《はらわた》を洗うの慨あらざるべからず」と国家改造と人心一新の必要性を訴えている。

こうしてロンドン条約に由来する危機意識のもと、軍も右翼も在郷軍人も悲壮なるみずからの感情に率いられ、平衡感覚を忘れてひとつの方向へ直進していく。首相浜口雄幸が、東京駅において、「愛国社」の佐郷屋《さごうや》留雄のピストルで射たれたのが昭和五年十一月十四日、調印から五カ月後のことであった。犯人佐郷屋は浜口の統帥権干犯を許さず、不敬罪に当たるといった。昭和を波瀾万丈へとみちびくテロ行為は、この東京駅頭でのピストルの轟音にはじまったのである。

なお、このとき腹部に重傷をうけた浜口首相は、六年四月十三日に総辞職し、そして八月に惜しまれつつ逝去する。内閣総辞職のさいの浜口の出処進退について、湛山が批評したことはすでに序章でふれた。ただし、そこで湛山が述べたところの、

浜口氏の遭難は同情に堪えぬが、氏の我が国を無道、無議会に陥れた罪悪に至っては、死後なお鞭《むちう》たるべき罪悪といわねばなるまい。

という点については、はたして「罪悪」とまでいいきっていいであろうか。いくぶんかの疑問なしとはしない。

それにつけても、ロンドン海軍軍縮条約をめぐっての統帥権干犯問題が、その後の日本の歩みをなんと大いにねじまげることになったことかを、思わないわけにはいかない。歴史の軸はこのときから思いもかけぬ方向へと転回していく。言論界は、石橋湛山の『新報』をふくめて、よくぞこのときは屈せず正論を主張しつづけた。言論の自由がいちばんよく発揮されたとき、といっていい。

ではあったが、ついに統帥権という〝癌〟であり怪物を退治するところまではいかなかった。統帥権干犯問題は、軍部に右翼や政党と結びついた下剋上的傾向を残し、のちに血盟団の〝一人一殺〟となり、五・一五事件や二・二六事件の一因をなしたばかりでなく、やがて国家自身の墓穴を掘る亡国の鍬となるのである。

直接には、その統帥権を勝手に解釈し駆使した翌六年の満洲事変に、そのままつながっていった。

（1） 過去に統帥権に関連して政治的大問題が起ったことがある。日露戦争後の明治三十八年十二月、元老の伊藤博文が韓国統監府の初代統監として赴任するときである。伊藤は韓国国内の反日感情の強いことを理由に、「統監府に軍隊（韓国駐劄《さつ》軍）指揮権を与えよ」と強く要求した。たいして同じ元老の山県有朋は「文官である統監に軍隊指揮権を与えることは、統帥権の侵害である」と突っぱねた。これが日本の将来への教訓として、統帥権問題を深く考えるための初めてにしてよき機会であったのである。

しかし、残念なことに、「軍隊指揮権を与えられなければ、統監は引きうけられない」と頑張る伊藤をなだめるように、参謀総長の大山巌が中にはいった。これに寺内正毅陸軍大臣も同意して、山県を説得しての政治的妥協がはかられてしまったのである。騒動は翌年一月十四日の天皇の詔勅によって解決することになる。結局のところ、法制としてきちんと考えられることはなかった。伊藤も山県もいわば同志的な、ア・ウンの呼吸で通じあう若き時代からの仲間でありすぎたのである。

昭和になるまで、こうして政治と軍事を考えるとき、根本的に解明しておかなければならなかった統帥権問題は、そのまま放っておかれるようになる。そのシッペ返しが昭和になって、いっぺんに噴き出したといえようか。

（2） 統帥権について少しく書いておく。

明治十一年に参謀本部が独立した。こんな早いときから一般の国務（内政と外交など）と軍令（用兵・作戦）とは厳格に区別された。軍令においては天皇直率である。政府とは関係がない。そしてこのままの形で、明治二十二年の大日本帝国憲法の発布をみる。その中で軍事に関する項目はたったの二条である。本文でふれたように、第十一条「天皇は陸海軍を統帥す」と第十二条「天皇は陸海軍の編成および常備兵額を定む」がそれである。これによって、天皇（大元帥）の統帥大権および軍隊編成大権は、憲法においても確立した。しかも、注意すべきことは、天皇のこの統帥大権について天皇を補弼するものがだれであるか、憲法に明文の定めがないのである。

ならば、天皇の親裁を仰ぐにはどうするか。軍部はそれにも充分な手を打ってあった。明治十八年に制定された「内閣職権」がそれで、そこには「参謀本部より直《じか》に上奏する」軍令事項に関しては、首相の管掌外にあると規定されているのである。しかも、首相は、参謀本部長の上奏をとめたり、上奏された軍令事項の説明を求めたりすることは不可能なのである。ましてや参謀本部長が下した命令を停止したり、みずからが軍令事項での親裁を仰ぐことは絶対にできないこととなった。同時に、もっとも大事な点は、天皇の親裁を仰ぐための「単独上奏権」が認められた、ということである。（のち二十二年に「内閣職権」が廃止され、「内閣官制」が制定されたが、この条項の根本理念には変更はなかった）。

「内閣職制」そして「大日本帝国憲法」と――ここにおいて、統帥権の独立が、法制的に承認されることとなったのである。そのことと、単独上奏権（帷幄上奏権という）とが、その後の歴史に与えた影響は余りにも大きかったというほかはない。

（3）支払わねばならない代償として、海軍部内の分裂にふれておかなければならない。昭和七年二月、軍令部長に伏見宮元帥を据え、八年一月に大角岑生《おおすみみねお》大将が海相の椅子に坐ると同時に、海軍は愚かなる大手術のメスを組織に入れていく。いわゆるロンドン軍縮に賛成した〝条約派〟といわれる提督たちの予備役編入の荒療治である。予備役に編入されたのは、山梨勝之進大将（当時海軍次官）、堀悌吉少将（当時軍務局長）たちのいずれも次代の海軍をになうはずの軍政家であり、すぐれた国際感覚の持ち主ばかりであった。海軍は海軍省畑の逸材を見捨て、平衡感覚を忘れ、ひとつの方向に直進する組織となった。

堀少将の無二の親友山本五十六《いそろく》少将が、当時ロンドンにあって堀予備役の人事を聞き、「かくのごとき人事が行われる今日の海軍に対し、これが救済のために努力するも到底難しと思わる。やはり山梨さんがいわれるごとく、海軍全体の慢心に斃《たお》るるの悲境にいったん陥りたるのち、立て直すほかなきにあらざるやを思わしむ」と堀少将に送った手紙は、今日ではあまりにも有名になっている。

第三章　日本は満洲を必要とせぬ

関東軍の陰謀から

満洲事変は割箸からはじまったといわれている。

関東軍司令部の面々は、はじめ武力発動を昭和六年（一九三一）九月二十八日と予定していた。その直前の九月十五日、参謀本部第一部長（作戦）建川美次少将が、謀略的計画の実行を思いとどまらせるために渡満する、という電報をうけとったのである。

武力発動を了解しているはずの陸軍中央が、この最終段階になって行動中止の鎮撫役を送りこんでくるということは、東京において、計画実行の支障をきたすような重大事がもちあがったにちがいない、と関東軍司令部は考えざるをえなくなった。

計画決行か中止かの岐路に立たされた陰謀者（高級参謀板垣征四郎大佐、作戦参謀石原莞爾《かんじ》中佐、奉天特務機関員花谷正少佐、憲兵分隊長三谷清少佐、奉天駐在今田新太郎大尉たち）は、十五日夜に、最後の胆《はら》をきめる会議をひらいた。はてしない議論と酒盃の応酬のなかで、夜明けも間近くなったころ、板垣大佐がおしかぶせるようにいった。

「おれが箸を立てるから、これが右にころべば中止、左にころべば決行する。それで決めよう」

指が離れ、一本の割箸はころんだ。一説に箸は右にころんで、一度はかれらも計画実行を断念したということになっている。「石原莞爾日記」(『石原莞爾資料　国防論策篇』)にも「九月十五日。午後九時半ヨリ機関ニテ会議、之ニ先《さきだ》チ、建川来ル飛電アリ。午前三時迄議論ノ結果、中止ニ一決」とある。陸軍中央の意思に反して計画を決行することが軍紀違反となることは必定であるからである。

しかし、機会はいまを逃せば永遠に訪れてこないかもしれない。そのうえに昭和陸軍特有の、動機を重んじ手段を問わない精神構造も大いに働いた。動機さえ純粋であれば(それも往々にして主観的に)手段と行動がかりに軍の統帥を乱し、暴力をともなうものであっても、それは正当化されるような空気が、陸軍の中枢にひろく流れていた。つまりは、箸が右へころぼうが左であろうが、ほとんど問題にはならないことであったのである。

昭和初期の陸軍は、それほど「満蒙の危機(4)」に直面して焦躁にかられていた。焦躁こそは戦争の原動力であるというが、かれらは戦争を決して厭《いと》おうとはしなかった。第一に、日本国内での、あいつぐ政党の汚職事件や共産党の結成そして活動が、中堅将校の気持ちを微妙にゆさぶりつづけた。そしてまた、国際舞台でのロンドン海軍軍縮条約は、とくに海軍士官を刺激したが、当然の流れとしてつづいて予想されるのは陸軍軍縮である。折からの中国国民革命の進展にともない、たとえば昭和五年十一月の蔣介石の国民政府第四次中央会議に、東北辺防軍司令官の張学良が出席するなど、中国においては国内統一と国権回復の動きがはげしくなっている。各地で不祥事件や不法事件が頻発し、満洲における日本の諸権益はたえざる危機にさらされている。そして、鉄道問題をはじめ日中間に満蒙問題にかんする緊迫した未解決の問題が山積された。この「国防の危機」的状況を前にしながら、腐敗した政党政治によって軍縮が強行されるようなことがあったら、と陸軍軍人はひとしくいらだちを隠さず憤激をおさえかねていた。

昭和の開幕いらい、かれらはしきりに満蒙問題について語った。かれらがつねに口にするのは「十万の英霊、二十億の国帑《こくど》」であり、「明治大帝のご遺業」についてであった。日清・日露の国難といえる戦争に勝ちぬいて特殊権益としてわが手にした満蒙の地は、そのまま国防の第一線となり、昭和六年一月の帝国議会で前満鉄副総裁の松岡洋右《ようすけ》が獅子吼《ししく》したように、失うことはできない日本の「生命線」となった。しかも、こうした直接的・具体的な焦躁とは別に、もっと底の深いところに根ざした焦躁感もあった。それは第一次世界大戦後、形成された新しい戦争観である。「総力戦」という考え方であり、戦争は戦場に動員された兵の数や大砲の大きさの戦いではなく、政治・経済・外交・文化・思想などの民族の総力をあげた戦いであるという認識である。しかも、第一次大戦という巨大な総力戦の圏外にあった日本は、完全に総力戦国家としては劣弱なものとなっていた。イギリス軍が二十万挺、ドイツ軍が五十万挺も有した機関銃を、日本陸軍はわずか千二百挺を有するのみ。自動車は英仏軍三十五万輛、ドイツ軍六万輛にたいし三百輛にすぎず、しかも修理能力がなかった。要するに、日本陸軍の火力や機動力は、列強陸軍の数百分の一にすぎないのである。この実情を知れば知るほど、中堅将校は軍縮などとんでもないこと、むしろ軍の根本的な改革とともに国家の近代化をはからねばならないと、強烈な使命感と切実感とを抱くようになる。

国家の近代化とは何か。高度の国防国家の建設である。これからの戦争が国家総力戦であればあるほど、軍が国家の運命に全責任を負わねばならない。つまりは戦争の規模の拡大と長期化に耐えうるよう国防国家を軍の手によってつくらねばならない。

陸軍省・参謀本部の中堅将校たちはそう確信した。かれらは大正末期から昭和初年にかけて海外に出て、世界の新しい歴史の流れにふれ、新しい時代の空気を吸ってきた。ムッソリーニ首相が先頭に立つイタリアのファシズム国家の実現、ドイツにおけるヒトラー総統の率いる国家社会主義(ナチス)の台頭、それらを眼にするにつれ、かれらはますます国防国家形成の確信を深めるとともに、それと正反対の方向へ進もうとしているいまの日本の政治・外交にたいし焦躁感を抱かないわけにはいかなかった。

とくに満洲の曠野《こうや》にあって、日本の政策を代行する形の関東軍司令部の参謀たちには、問題が未解決のままに山積していくことに、もう我慢がならなかった。しかも交渉相手たる張学良が「外交は国家の外交であるから大問題は当然中央でやる。地方的な問題は自分がやる決心である」と、むつかしい問題はすべて南京の国民政府のほうへ回そうとし、その無責任さはいっそう参謀たちを激怒させた。そしていきつくところは、それならば張学良にかえてより親日的な政権を樹立するか、さもなければ満洲全土を軍事占領してしまうか、という二つの結論にかれらはみちびかれていった。そしてひそかに方針が検討され、具体化へと作戦計画はねりあげられていったのである。

満洲事変は、そうした日本陸軍の国家観・戦争観つまり戦略思想を、歴史的にはじめて具体化するものであった。それは単に「生命線」としての満洲領有の軍事行動であっただけではない。日本軍部の抱いた国防国家構想の根本となる極秘計画であったのである。

割箸は右にころんだかもしれない。しかし、それは議論のはてのほんの気休めでしかなかった。それゆえに、数時間あとの、

「右でも左でもかまわん。決行しよう」

という石原参謀の言葉に、かれら陰謀者の意思が一致して固まったのは、ごく自然の流れであったといえる。

世論の急転回

このときに、石橋湛山がこうした陸軍の動きにまったく無知であったとは思えない。すでに昭和日本の動きがなにやら武断的なものであることを警戒し、そこで「大日本主義」を棄てて「小日本主義」でいこうと提唱、戦争の危険をとりのぞくべく「満洲放棄論」をもかれは主張しているのである。その湛山が、ますます強まりゆく「満蒙の危機」論のかげにある軍部の焦躁に気がつかないでいたわけはない。

それを示すような一文がある。『新報』昭和六年七月四日号社説「軍閥と血戦の覚

悟」で、そのタイトルと同じようにその内容においても、勇ましく軍部に覚悟の喧嘩を売っている。主題は、翌七年に予定されているジュネーブ軍縮会議に、全権として赴くことがきまった首相若槻礼次郎にたいする絶大な声援で、「ロンドン会議の場合同様、陸軍縮少の堅き決意をもって臨まるるならば、……記者は全力を挙げて若槻内閣を支援するを躊躇せない」とエールを送っている。右の一行だけでも陸軍当局にいわせれば許しがたい妄言《もうげん》ということになる。が、湛山はまったく意に介することなく、さらに軍部の政治介入にたいし攻撃の矢を放つのである。

首相の軍部巨頭との懇談会に対して、早くも軍閥の一部から非難の声をきく。彼らは詰《なじ》り軍の規模装備等決定のためには本筋の機関が設けてあるので、かような懇談会の制限を受くべきものでないというのだ。すなわち彼らは軍閥なる独立国を結成していることを問うに落ちずして語るに落ちているのであって、これを極言すれば、結局いかなる内閣といえども、もし軍閥の意志に反する行動をなせば、ソッとはおかぬと脅威しているのだ。我が国の内閣史を見るに、軍閥以外の内閣には軍閥は常に鬼門として畏れられ、第二次西園寺内閣のごときは、軍閥の露骨なストライキによって叩き潰された。それは西園寺首相が、二個師団増設に反対したためである。軍閥以外のものを首班とする内閣が、軍備縮少に着手する場合には、大抵の場合、彼らは結束を固くしてこれに当たり、時に敢然として反噬《はんぜい》した。若槻首相に対しても、彼らはまた、ソロソロ爪牙《そうが》を磨き始めつつあるのではないかと思う。

こうした軍部の政治的暗躍が予想されるから、陸軍軍縮が一朝一夕になるようなものではなく、難事中の難事であると承知している。しかし、ロンドン会議での浜口内閣にたいする世論の支援があったではないか。それによって軍部の統帥権干犯《かんぱん》の横車をおしのけた。時勢は変わりつつある。

この時勢は若槻首相の立場を有利にしているとはいえ、もちろんいささかも油断はならぬ。軍閥の儼《げん》として存することは今なお昨《きのう》のごとくである。若槻首相は今回の軍縮会議においても、軍閥が男（若槻男爵の意）の信ずる国策に従順ならざる場合は、断然進退を賭して血戦せられんことを切望する。輿《よ》論は必ず沸騰して若槻首相を支援するに相違ない。

いまだ軍の圧力がのちのちの時代ほど強まっていないときとはいえ、どうしてなかなかの啖呵《たんか》である。ただし、ここには自信家湛山らしい大いなる楽観があったのである。なぜなら、このあとの時勢は「輿論は必ず沸騰して」湛山の思うほうへは向かなかった。むしろ、まさに正反対の方向に沸騰していったのである。前年にあれほど軍の統帥権乱用に反対し一致して戦った世論というものがわずか一年にして逆転するとは、歴史はいつも皮肉にできている。世論とはそれほど浮わついたものであるらしい。信念の人湛山はそのことを知らなかった。

一雑誌の主幹の湛山と違い、ロンドン会議において軍部に盾をつき政府を擁護して世論を喚起した大新聞の幹部たちは、このときすでに満洲におけるひそかな軍の謀略になかば気がついていた。事変勃発ほぼ一カ月前の八月のある日、朝日新聞の編集局長緒方竹虎は、同盟通信の岩永裕吉、毎日新聞の高石真五郎、それと外務省の中堅官僚とともに、陸軍の今後の方針を聞く会に出席した。陸軍側からは小磯国昭軍務局長、林桂整備局長、鈴木貞一軍務局課員らが出席した。席上、小磯が「満洲国の独立の必要と必然性」をのべ、緒方がこれにたいして、

「満洲国の独立などとは時代錯誤もはなはだしい。そんなことに、いまの若いものがついていくと思えない」

と強く反駁した。小磯軍務局長は平然として答えた。

「日本人は戦争が好きだから、火蓋《ひぶた》を切ってしまえば、アトはついてくる」

席上には同調者が多く、緒方は心から驚いた。そして緒方は戦後になって、このように軍部が戦争を起こす気でいるのを知りながら、なんら手を打たなかったことを「今から多少残念に思うし、責任を感ぜざるをえない」と書き、歎くのである。そして軍部にとっては「新聞が一緒になって抵抗しないか、ということが、終始大きな脅威であった」とも書いている。(「反乱将校との対決の一瞬」『五十人の新聞人』所載)

事実、そのとおりであったであろう。関東軍司令部が箸を立てて占い、いったんは中止に一決するほどで、陸軍は謀略決行に不動の自信をもっていたわけではなかった。一つにはロンドン条約後の国際協調を大事とする天皇と、天皇を中心とする宮中重臣への思惑もあるが、軍部がより恐れたのは、湛山がいみじくもいう「輿論が沸騰して」硬化することであった。

昭和三年に、同じように戦火を満洲におこそうと謀略として実行された張作霖爆殺事件が、うまく予定どおりに運ばなかったのも、世論が「乱」を好まなかったからである。中国側の発表をすすんでのせ、「満洲某重大事件」として新聞はしきりに陸軍の陰謀を匂わせ、世論はしだいにそっぽを向いた。陸軍はそれをきっかけに兵力を駆使しようとしていたが、それはならなかった。

関東軍も陸軍中央も、そのときの誤算をしっかりと教訓とした。かれらは、つぎに事をおこすときには、強力な宣伝と媒体の後援が必要であることを、戦訓の一つとして自分たちのものとしていた。それだけに、謀略的作戦をやみくもに決行することに、自信家ぞろいの関東軍幕僚たちもいちどは遅疑逡巡《ちぎしゆんじゆん》をおぼえざるをえなかった。緒方の戦後の述懐にあるように、軍部にとっては、「新聞が一緒になって抵抗しないか、ということが、始終大きな脅威であった」のである。

陸軍中央の反撃

なるほど、大日本帝国憲法の第二十九条において、言論の自由は「法律の範囲内ニ於テ」と制限付きで認められているにすぎなかったし、「出版法」（明治二十六年）と「新聞紙法」（明治四十二年）によって、活字媒体の表現は制限をうけていた（雑誌は「新聞紙法」の適用をうける）。

「新聞紙法」は第二十三条で、「内務大臣ハ新聞紙掲載ノ事項ニシテ安寧秩序ヲ紊《みだ》シ又ハ風俗ヲ害スルモノト認ムルトキハ、其ノ発売及頒布ヲ禁止シ必要ノ場合ニ於テハ之ヲ差押フルコトヲ得」としてあり、雑誌論文などはその「掲載ヲ差止ムルコトヲ得」とも規定していた。違反したものは禁錮刑や罰金刑に処せられる。

さらに第二十七条には、「陸軍大臣、海軍大臣及外務大臣ハ新聞紙ニ対シ命令ヲ以テ軍事若《も》クハ外交ニ関スル事項ノ掲載ヲ禁止シ又ハ制限スルコトヲ得」と規定されていた。

そして事実、満洲事変勃発後から二・二六事件にかけて、言論の自由にきびしい枠がはめられ、いくつかの記事が発表を差し止められた。とはいえ、事変勃発以前の新聞や雑誌にあっては、その主張する論調は各社の自主的判断によるものであり、なんら指導されたものではなかった。いうまでもなく、言論界は勇気をもってすればまだ自由になんでも書けたのである。

それだからこそ、満蒙の地に戦火をひらくために、陸軍は世論の動静にいっそう慎重になった。さまざまな手を打っていた。昭和六年四月、関東軍参謀部は「満蒙問題解決ノ為ノ戦争計画大綱」を作成し、六月、陸軍中央に公式に意見具申している。これにたいして軍中央は、関東軍の要望に積極的に答えることを決定する。部内に極秘裏に国策研究会議をつくったのである。そこで十分な討議と研究を重ねて、「満蒙問題解決方策ノ大綱」をまとめあげた。

この「大綱」で陸軍中央は、満蒙で軍事行動をおこす場合には「内外の理解」が絶対に必要である、とまず認めた。そのためにはどうすべきか。陸軍省軍務局と参謀本部第二部（情報）は、「全国民とくに操觚《そうこ》界（ジャーナリズム）に満洲の実情を承知させる」こと、外務省と連絡をとり十分に「事前工作」をすること、それが最重要であると明記した。

「大綱」の方針にそって、陸軍大臣南次郎大将は八月四日、臨時の師団長会議を召集して「型破りの訓示」を行った。ちょうど、中国人農民と日本警官隊が銃火を交えた万宝山事件（七月二日）と、それにつづく暴動事件が満洲でおこっており、その報に日本国内には暴虐な中国人にたいする強硬論がふきあがっていた。しかし、外相幣原喜重郎は何とか外交手段で問題解決をはかろうとしていた。南陸相の訓示は、こうした「幣原軟弱外交」攻撃の世論にのったものであった。

朝日がこれに「満蒙問題に対し　政府の無気力痛撃　きょうの軍司令官師団長会議強硬意見続出す」（八月五日）と見出しをつけて報じたように、南陸相は陸軍軍縮を批判し、満洲における武力発動をほのめかすような強硬論をうちあげた。

「門外無責任の位置にあるもの、乃至は深く国防に関心せざるものに至りては、ややもすれば軍部が国家の現況に盲目にして不当の要求をあえてするが如く観測し、あるいは四囲の情勢をつまびらかにせずして、みだりに軍備の縮小を鼓吹し、国家国軍に不利なる言論宣伝をあえてするもの、所在少なからず。諸官は当局と協力しこれら謬《びゅ》論《うろん》を是正するとともに……」（『現代史資料7』）

万宝山事件でいくらか頭の熱くなっていた新聞も、この挑戦的な発言にはさすがにこのときは冷静になった。

朝日の社説「陸相の政談演説　師団長会議の訓示」（八月五日付）は、「軍人たる陸相の口からかくも堂々たる満蒙論を吐かせて、それで果たして政治の綱紀は乱れないものであるか」

ととがめたうえで、満蒙の危機を軍部がしきりに喧伝《けんでん》するのは、軍縮に関する世論の台頭を牽制するためであり、ことさら重大化して国民の注意をむしろ軍拡の必要にまで引きつけんとするためではないか、とあざやかな観察を示したあと、

「強硬意見があるなら、それは立憲の常道に基づいて堂々と主張され、検討されるべきであり、このうえ満洲問題が軍人の横車に引きずられてゆくを許さぬ」

とそれこそ堂々と陸軍を批判した。

毎日も負けてはいなかった。社説「『国家の現勢に盲目なる』謬見　南陸相の訓示」（八月六日付）で、

「国防と直接軍備とを同一視して、天下国防に関心するもの軍部のみと称するがごときは、あまりに厚い自家陶酔の殻に籠ったものである。その『国家の現況に盲目なる』謬論はこれを是正しなければなるまい」

と冷笑を軍に浴びせている。さらに八月八日付の記事でも、「事ごとに喧嘩腰の陸軍　明らかに政府恫喝《どうかつ》だ！　不可解な陸軍の態度」という見出しで陸軍を批判した。

陸軍中央はこの反撃にやっきとなった。(5)それでなくとも陸軍軍備縮小問題をめぐって頭にきている。そこで各連隊長クラスに指示し、街頭に立ってますます国防宣伝をやるように命じた。この工作のため、各連隊区には活動資金も配分された。歩兵第十八連隊長佐々木到一大佐の手記によると、この前後から、この年中に六十回以上の講演を行ったという。陸軍の無二無三な「事前工作」ぶりが浮かびでてくる。

ところがその直後である。陸軍の鼻息をいっそう強くするような事件が八月十七日に公表された。対ソ作戦の兵要地誌作成のため興安嶺方面の偵察に派遣されていた参謀本部員中村震太郎大尉たち二人が、スパイとして中国軍に捕えられ殺害された、いわゆる中村大尉事件が表面化したのである。事件そのものは六月二十七日におこっているが、全容が容易につかめず八月中旬まで発表がひきのばされていた。

新聞はこのとき、なんとしたことか、一気に日本の権威擁護にまわった。万宝山事件のころはまだわずかに残していた冷静さを失い、なぜか感情的になった。朝日の八月十八日付社説「我が将校虐殺事件　暴虐の罪をただせ」がそのいちばんよい例といえようか。事件は「支那側の日本に対する驕慢《きょうまん》の昂じた結果であり、日本人を侮蔑し切った行動の発展的帰着的一個の新確証である」と、威丈高になった。同じ日の記事では「耳を割き鼻をそぎ　暴戻《ぼうれい》！　手足を切断す　支那兵が鬼畜の振舞い」というセンセーショナルな見出しで報じ、読者の反中国感情をかきたてた。

中国側新聞は、中村大尉事件は事実無根とする報道をしきりに流していたが、九月四日には国民政府の王外交部長が公式に「中村大尉事件は事実無根である」と声明した。

これにたいし朝日は九月六日、「中村大尉事件は無根と　王氏、本社記者に強弁『不良日本人の宣伝だ』　范日本科長を通して毒舌」という記事をのせ、「何たる暴言ぞ！　南陸相怒る」という陸相談話をならべた。さらに九月八日の社説「対支国策の発動」で追討ちをかける。南京政府は満蒙における日本を侵略視するの錯覚にもとづき、被害妄想による独断で徹底的排日、徹底的経済絶交を強調しているが、それは、「一種の対日宣戦布告を発したというも過言でなく、……これが解決は平和裏には期待されぬかもしれない」

と意味深長なことをいった。「平和裏には解決できない」とは、解決のためには軍事力の発動を意味しているのであろうか。事実、この社説は「陸軍の強硬派をひどく喜ばせた」（『太平洋戦争への道』）のである。

九月十日付の毎日にも「外交交渉が駄目なら　軍部の手で」という記事がのり、翌十一日には「土肥原大佐の報告　支那全く誠意なし　軍部いよいよ牢固たる決意　最後の対策をも協議」とあやしげな観測記事がでている。

このように新聞においては奇妙なくらい満蒙問題にかんする強硬論が日を追って盛り上がりをみせてきたため、これまで比較的冷淡であった総合雑誌が、ようやくそこに危険な徴候を見るようになった。昭和六年十月号の『中央公論』（九月十九日発売）の巻頭言は、「満蒙問題に関する反省」と題して画期的ともいえる一文をのせている。

「外交問題の処理に最大の禁物は昂奮と偏見である。公平を期する新聞でさえ最近の突発事件については、かなり不十分な報道をもって民間に無用の昂奮を唆《そそ》っているようだ。殊に在満邦人の一部の人の利己的偏見に基づく出兵論の如きにいたっては、国民の公正なる判断を妨ぐることすこぶる甚だしいものがある。……もっぱら過去の約定によって今日の両国関係を規定すべきに非ずとするの議論、それ自身はまた大いに傾聴に値するものと思う。……我々は満蒙問題における我国の正義を主張するに当たり、まず論拠を過去にとるの迷妄から醒めたいものと思う」

出兵論批判もなかなかに颯爽《さっそう》たるものであるが、「過去の約定によって」日中関係を規定すべきでない、あるいは「論拠を過去に取るの迷妄」というあたり、『中央公論』も石橋湛山の説く満蒙放棄論をさながら主張しているかのようである。これまた冷静かつ健全な論ということができる。ただし、問題意識がにぶかった。危険をもう一カ月も二カ月も早く察知すべきであった。九月十九日発売ではあまりに遅かった。

そこで「満蒙放棄論」の主唱者である石橋湛山であるが、これがこのときはまったくの音無しの構えなのである。中国のナショナリズム運動を正しく評価し、国権回復運動に理解を示し、日本人の夜郎自大な中国人軽蔑をきびしく戒めてきた湛山にして、いまほど起《た》つに絶好の機会はなかった。しかし惜しむらくは、その湛山にノーのただの一言もなかった。このときの湛山は、経済評論家として金輸出再禁止論、インフレーション政策を中心とする景気回復策に、全努力を傾注していた。そしてわずかに経済人の観点から、

この経済界の深刻なる困難に伴うて社会不安がますます増大し、破壊思想が非常の勢いをもって蔓延《まん》しつつある。次代相続者たる青年の好んで読むもの、語るとこ

ろ、なすところを、試みに吟味せよ、今の治者ないし指導者階級の人々とは、実に雲と泥ほどに違っている。早きに及んで、社会不安と破壊思想蔓延の機会を絶ち原因を除かないと、経済難より幾倍恐るべきわざわいに煩わされねばならぬ。(「指導階級の陥れる絶大の危険思想」五月二日号)

といち早く〝わざわい〟と警告を発しておきながら、それ以上にはでようとはしなかった。無念残念なこと、というほかはない。

そして江口圭一教授が指摘したように、『新報』が緊迫する満蒙情勢にたいして論評を加えたのは、満洲事変のおこる直前の九月十二日号の「財界概観」欄において、やっとであった。これが湛山の筆になるものかどうかははっきりしないが、その論ずるところはこれまで主張してきた湛山の論そのままといっていい。長くなるが引用を多くしたい。

まず「近来はなはだ懸念に堪えず、また不愉快である」、日中国交の険悪化の原因となった中村大尉事件についてこう論じる。

大尉は、教育家との触れ込みで、わざと官憲の護衛申出《もうしい》でも謝絶し、旅行を試みたものらしい。故に中華民国から見れば、行うべき用意も行わず、外国人が勝手に危険地域に踏み込み、不幸に遭遇したりとて、事喧《やかま》しく責め立てられては、はなはだ迷惑だとの感もあろう。しかしそれとしても、場所は中華民国の領域に属する。同国にも無論相当の責任はある。殺害事件はなかったとかなんとか、つまらぬ懸引《かけひき》をせず、事の真相を明らかにし、謝すべきものがあったらば速やかに謝するこそ、この際記者の（あえて日本人としていうではなく、公平な立場から）切に中華民国当局に希望するところである。

つまり、事件は公平にみてそのようなものであるし、そしてまた南京の国民政府はたしかに存在するが、その政令は中国全土に及んではいない。いまだ政治的安定をえないところに、思いがけない事件がおこるのもまたやむをえない、としたうえで、こうつづける。

今こそ、我が国民は、支那の現状を嘲笑し、あるいは憤慨するけれども、わずか七八十年前の我が国はどうであったか。今日の東京の真ン中で、外国公使館の焼打ちが起こったり、今日の京浜間の国道で、外国人の惨殺事件が生じたりした。これらのことを顧みれば、我が国民は、今日の中華民国に厚き同情の念の湧けばとてただ彼を責むる気持ちにはなり得ぬはずである。日本国民は深くこの点に省み、慎んで、対華国交の好化に努めねばならぬ。

いきりたって軍事力の発動を叫ぶさまざまな論調に冷水を浴びせ、国民よ冷静たれと説いている。しかも『新報』の本領をみせるのはこのあとである。大新聞のいささかの変調に勇をえて、しきりに「妄動」する陸軍にたいして、真正面から正論の刃を向けた。

しかるに近来の我が陸軍軍人の妄動は何か。中村大尉事件に彼らが憤慨するはこれを恕《ゆる》すも、ためにしきりに外務省を攻撃しさてはもし外務省がどうしても弱腰ならば、陸軍自ら対支談判の衝に当たるべしとまで、相当責任ある者の口から唱えられてをる。彼らには、どこにさようの権限があるか。一体最近の陸軍軍人は、南陸相がこれを奨励したためか、不謹慎にも政治に喙《くちばし》を入れんとする傾向が著しく増してきた。本月七日、金沢第九師団司令部が、陸軍飛行機をもって彦根、長浜、敦賀、武生、福井、大聖寺、小松、金沢、高岡、富山、魚津等の広範囲にわたって撒布したという国防宣伝ビラのごとき、その露骨きわまる絵画と文字と、全く狂気の沙汰と評すほかはない。彼らは、これでいっぱし君国につくしているつもりでもあろうが、結果は全く反対だ。昔から軍人の銭を惜しむは禁物とせられたが、軍人が政治を嗜《たしな》むは一層の禁物だ。

しかし残念なことに『新報』の快論もここまでであった。では満蒙問題の一挙解決のために、軍部が思いきった手段にでるであろうかという点になると、なぜか観察も甘く腰くだけとなるのである。

もしこれが三、四十年以前の世界であるなら、あるいはドイツが同国の宣教師の支那で殺害せられたを口実に膠州湾を占領したるがごとき事件も生ぜぬと限らぬが、今は時代が全く違う。出兵では、前にシベリアで懲り、後にまた満洲で手こずった経験を、我が国は、そう旧《ふる》くなく持っている。兵隊を出して片付く問題なら、解決はむしろ簡単だが、そうできぬ時勢だけに、甚深《じんしん》の考慮を要する。陸軍軍人がしきりに妄動していることは、かえって出兵説の全く根拠なき証拠だ。真当に噛み付く犬は決して吠えぬというのが真理である。出兵説で、船株を買ったり、石油株を上げたりする者があるなら、失望するであろう。

それはあるいは江口教授のいうとおりのものであったからかもしれない。「『新報』はやはり〝満洲〟出兵がないものとみずから確信していたのであろう。……『新報』は観測をまったく誤った。この誤りは『新報』のきわめて楽天的な時代観・世界観とかかわっていよう。……総体として、『新報』が〝満蒙〟問題の重大性を軽視していたことは否定できない」

ここにいわれている楽天的な時代観・世界観とは、あるいは石橋湛山のそれであったのかもしれない。緊張が内外に異常なほど高まり、すべての情報があとにのべるように武力解決の方向を示していたにもかかわらず、湛山はおのれの信ずるところにしたがって楽観視していた。それはこの「財界概観」の記事の結論以外に、解決の道はないと湛山が確信していたからであろう。

右のごとく出兵説は全く根拠なしとするも、さりとてそれで日華両国の間に漂える暗雲の一掃せらるるわけではない。日華国交のややもすれば険悪化するは、無論一大尉の殺害事件によるものでなく、根本は実に日本が満洲において得たりと構え、中華民国国民が深くそれを恨めるいわゆる特殊利権にある。この問題の根本解決こそ、日華国交を良化する緊急の処置である。

その信念たる特殊利権の放棄つまり「満蒙放棄論」がまだ有効なものと湛山は考えていたのであろう。しかし、惜しむらくは、すでにそれは空想論となっていた。

内地は心配に及ばず

これが満洲事変前夜の様相であったのである。それにしても、かりに一ジャーナリスト湛山は知らなかったとしても、そして日本本土からの出兵はないとの確信があったとしても、陸軍中央の後押しをえて、満洲において関東軍が謀略的に軍事行動を企図しているということに、各界指導層や特派員を送りこんでいる大新聞はまったく気づかなかったのであろうか。歴史探偵として、重光葵『外交回想録』、原田熊雄『西園寺公と政局』や幣原喜重郎『外交五十年』などを調べてみてわかったことは、いや、日本全体がそんな愚に徹していたわけではないということである。むしろ、すでにかなり広く内外に関東軍の陰謀の噂は知れわたっていた、と判断したほうがやはり正しいのである。たとえば九月四日、元老西園寺公望の秘書の原田熊雄は、若槻首相からこんな話を聞かされている。

「先刻新聞記者達に会ったところが、『読者から、一体いつ戦争があるのか、と言って、時期を問い合せて来るものがありますが、どういうのでありましょうか。いつ戦争があるのでありましょうか』と一同口を揃えて訊ねたから、自分は『軽率なことを考えてくれるな。君達にはもっと慎重にしてもらわなければならん』と言って、大いに戒めておいた」

これでみると、新聞記者はおろか、一般読者にももう戦争の予感のあったことがよくわかる。

また外相幣原喜重郎も重大な「予感」について書いている。

「柳条溝事件が突発する前に、私には予感があった。それは全国商工会議所の会合があって、満洲の会議所の人々も東京にやって来た。それが私のところへやって来て『近ごろ若い将校が来て、いろいろ変な注文をします』という。詳しく訊ねると、それは軍事上必要な物資で、何日までに何処《どこ》何処へ集めてくれといって軍需品を蓄積する。それで素人の居留民までも、これは何かあるな、陸軍が何か計画しているなと感じているという話であった」

その外相のもとに、奉天領事館の林久治郎総領事は九月十五日、「関東軍が軍隊の集結を行い弾薬資材を持ち出し近く軍事行動をおこす形勢がある」との機密電報を打ってきた。外相は容易に見過ごすことができない情報として、閣議で南陸相を詰問した。

その南陸相はすでに十一日、天皇によばれて、きびしい注意をうけている。

「万宝山事件といい、中村大尉事件といい、まことに困ったことであるが、これにはいろいろと複雑な事情もあろうから、よくそれを糾明《きゆうめい》してかからねばならない。すべて非は彼にありというような態度でのぞんでは、円満な解決もできないことになる」

さらに天皇は陸軍の軍紀についてふれた。

「軍紀は厳重に守るようにせねばならない。明治天皇の創設された軍隊に間違いがあっては、自分としては申しわけないことである」

陸相はさすがに恐懼《きようく》した。その南に元老西園寺も、念を押すように注意を与えている。

「満蒙の土地といえども支那の領土である以上、事《こと》外交にかんしては、すべて外務大臣に一任すべきものであって、軍が先走ってとやかく言うことは、はなはだけしからん話である」

南陸相はこれに答えた。

「実は総理からもたびたび叱言を食い、陛下からも先日ご注意があり、まことに恐縮千万であります。いちいちごもっともであります。責任をもって充分注意をいたします」

西園寺はその返答を聞きながら、

「まるで暖簾《のれん》に腕押しのようで、どうも困る。たったいま甘酒をのんできたというような顔をして、しきりに述べ立てていたが、どうも実に頼りのないことおびただしい」

と困惑の色を隠せなかった。

陸軍は、のちの軍部独裁となってからふるったような絶大な政治権力を、まだこのときはもっていなかった。二・二六事件以後の昭和十年代の軍部は、軍隊の反乱という威嚇《いかく》をほのめかしながら、軍以外の意志に左右されないで沈黙する天皇をつくりあげていったが、この時点で軍中央はまだ宮廷ならび元老政治の絶対性を重んじていたのである。したがって、西園寺には「実に頼りない」と映ったらしいが、南陸相はほんとうに天皇や西園寺の叱責に恐懼していた。陸相から天皇の強い意志を伝えられた参謀総長金谷範三大将は、いっそうかしこまったのである。

こうして軍の〝頭〟は突然に反対の方向へ回りはじめた。ともあれ、いまは関東軍の軽挙妄動をおさえねばならない、という方向にである。南・金谷両大将は、小磯軍務局長の進言をいれ、事情にいちばん通じている建川作戦部長を派遣し、事変発生をおさえることとした。建川は九月十五日に東京駅を出た。作戦課長今村均大佐が関東軍司令部あてに、「十八日午後奉天着」を通電した。

この章の冒頭に書いた板垣参謀による割箸の意思決定のくだりは、実はこのあとにくる。強気一点張りの関東軍の参謀の面々も、陸軍中央の方向転換にはさすがに計画の実行に遅疑逡巡するものがあったのである。

しかし、同時に、参謀本部ロシア班長橋本欣五郎大佐が、関東軍の板垣参謀とのあいだで了解している暗号電報によって連絡していた。電文は三本である。

「事暴《あらわ》れたり直ちに決行すべし」

「建川奉天着前に決行すべし」

「内地は心配に及ばず決行すべし」

この三本目の電報はなかなかに意味深長なところがある。橋本の観察では、いまや内地の事態は煮つまるだけ煮つまっている、ということであったのか。雑誌はともかく、新聞はもう戦争を予測させる記事をさかんにのせている。いわば事のおこるのをのぞんでいるのである。「内地は心配に及ばず」と橋本大佐が自信をもって書いたのは、それほどに新聞にみちびかれる世論のハッスルぶりがあってのことであった。その予想どおり事変がおこると、毎日はもちろん、リベラルな新聞というイメージを与えていた朝日も、むしろ率先して、掛川トミ子教授のいうように、「躊躇なくこの事変を支持し、それを根拠づけ、かつての光輝ある言論が徒花《あだばな》にすぎなかったことを示す」(「マス・メディアの統制と対米論調」)ようになるのであった。

満洲事変の勃発

昭和六年九月十八日、午後十時二十分ごろ、奉天北郊の北大営西方の柳条湖付近で、満鉄の線路が爆破された。河本末守中尉と部下六名が爆破に当たった。ほとんど前後して、奉天特務機関に姿をみせた板垣大佐は、花谷少佐とともに、機関長土肥原賢二大佐が東京出張中をよいことに、機関員を指揮して、全満洲の各部隊に軍機電報を発した。それは柳条湖付近での日中両軍の衝突が全面戦争に発展するかもしれない危機的な状況を知らせ、かねての命令どおり行動せよと告げたものである。さらに午後十一時すぎ、板垣は歩兵第二十九連隊長平田幸弘大佐、独立守備歩兵第二大隊長島本正一中佐らを召集し、奉天城および北大営にたいする〝攻撃せよ〟の関東軍命令を示達した。

当時奉天軍（東北辺防軍）は、張学良指揮のもとに、奉天付近に二万の兵をもち、全満洲を合すれば約二十五万、それに戦車と飛行機を保有していた。たいする関東軍は鉄道守備のための兵力として第二師団と独立守備隊六個大隊の一万余しかもたず、しかも二十三万に近い在留日本人の生命財産の保護もある。それだけに極秘裏に事を決する必要があった。すべて予定どおりに進んでいる。

翌十九日未明、旅順から奉天へ向けて出発する石原参謀が、集まった新聞記者にいった。

「こんな暴戻《ぼうれい》がどこにある、群がる蠅は払わねばならない」

事変を謀略的にひきおこした張本人は、「まさかと思っていた」「不意討ちを喰ったらしい」（満洲日報、九月十九日付号外）とぬけぬけといっているのである。

陸軍中央も機敏に対処している。十九日午前、早くも対策会議をひらき、小磯軍務局長は、「関東軍の今次の行動は、ことごとくその任務に鑑《かんが》み、機宜に適したものである」と発言、関東軍の独断専行を是認した。参謀次長二宮治重少将、総務部長梅津美治郎少将、軍事課長永田鉄山大佐たちの出席者一同も、これを了承し、ただちに兵力増強せねばならないということで意見一致した。参謀本部第二課はただちに増兵起案にかかった。陸軍総ぐるみで計画実行の道を突っ走ろうとした。

しかし、さすがに奉天の林総領事は、関東軍が満鉄の工夫を現場に近づけようとしなかったことなどから、十九日午前「事件は全く軍部の計画的行動に出たるものと想像せらる」と幣原外相に第一報を打電している。さらに至急極秘電でくわしく報告した。それによれば、

「……各方面の情報を総合するに、軍においては〝満鉄〟沿線各地にわたり、一斉に積極的行動を開始せんとする方針なるがごとく推察せらる」

と、事件の本質と進展の意図とを容易に見破っていた。

これをうけて外相は若槻首相に緊急閣議の開催を要請し、首相も事態の重大さを認識してさっそく閣僚を召集した。幣原は閣議で、この事件が陸軍の謀略ではないかとにおわす発言をし[6]、首相も南陸相にあからさまにただした。

「はたして原因は、支那兵がレールを破壊し、これを防禦せんとした守備にたいして攻撃してきたから起こったのであるか。すなわち正当防衛であるか。もし然らずして、日本軍の陰謀的行為としたならば、わが国の世界における立場をどうするか。……この上はどうかこれを拡大しないよう努力したい。即刻、関東軍司令官にたいして、こ

の事件を拡大せぬよう訓令しようと思う」

南陸相は孤立して、陸軍の総意である兵力増強案を提案する勇気を失った。閣議は不拡大方針を決定した。

参謀本部の失望は大きかった。金谷総長はやむなく関東軍司令官本庄繁大将に電報を発信した。

「関東軍司令官ノ決心及処理ハ機宜ニ適シタルモノニシテ、帝国軍隊ノ威重ヲ加ヘタルモノト信ジアリ」「事件発生以後ノ支那側ノ態度ニ鑑ミ事件処理ニ関シテハ、必要ノ度ヲ越エサルコトニ閣議決定モアリ、従テ向後軍ノ行動ハ此主旨ニ則リ善処セラルベシ」

前者は挙兵の承認であるが、後者は不拡大方針のひかえめな伝達であった。

本庄軍司令官は午後六時にこの電報を手にすると、これまでのすべての決心をひるがえして、動こうとはしなくなった。事はおこしたものの、第一段階で全面的ストップがかかったのである。天皇も不拡大を望んでいる。政府も閣議一致でそれを決めた。陸軍中央もしぶしぶながらこれに従ったとあって、関東軍の参謀たちの意気はいっぺんにそがれ、全員は沈みこんだ。

「これで張作霖爆殺事件の二の舞になってしまう。わがこと成らずか」

と知謀の石原参謀も天を仰いでしまった。

歴史を逆転させるべきチャンスがあったとすれば、おそらくこの十九日夜を起点とする二十四時間にあったかと思われる。すなわち、いくらか牽強附会を承知でいえば、そのカギは日本本土における世論がどう動くかであった。もちろん、日本国民は政府や軍部の動きがどうであるかは知るべくもないが、もしも日本のトップがきめたような戦闘の「不拡大」を国民もまた望んだなら、である。しかし、歴史には「もしも」はなかった。

すでに知られているように、日本国民への戦火の第一報は「電通」(電報通信社)からのものであった(午前二時着電)。そして新聞に先んじてラジオで放送された。十九日、午前六時半から放送されていたラジオ体操が中断されて、六時五十四分から六分間第一報の臨時ニュースを伝えた。内容は、「九月十八日午後十時三十分、奉天駐在のわが鉄道守備隊と北大営の東北陸軍第一旅団の兵とが衝突、目下激戦中」というものであった。日本放送史上の初の臨時ニュースとなった。

ちなみに、大正十四年(一九二五)三月にラジオの本放送がはじまったが、昭和四年(一九二九)には契約者数六十五万を超え、全国所帯のラジオの普及率は五・四パーセントであったという。それが満洲事変がはじまると急増に急増、月に平均三万近くがふえ、昭和七年三月には聴取契約者数は百五万六千人に達した。大新聞は号外を連発したが、速報性と臨場感ではラジオに太刀打ちができず、結果としてこれが新聞の焦りをさそった面もある。九月中の臨時ニュースは十七回を数え、放送時間はのべ一時間五分にのぼったと、NHK編『放送の50年』は伝えている。

池井優教授がいうように、「国民は新聞の号外よりも早い臨時ニュースに耳を傾け、特に在満部隊の家族達は、満洲で戦う父や兄や子の安否を重ね合わせてニュースに聞き入った」のは自然の成行きであった。

朝日への第一報は奉天通信局長の武内文彬からのものであった。「柳条溝が爆破されて日支交戦中」というもの。前坂俊之氏の発掘資料によると、そのときの朝日（東京）の内部は、

「編集局員は総立ちとなった。……この総立ちこそ国民総立ちの第一であったに相違ない。はり出しのため主要地方通信局への速報、号外準備の動員など編集局の神経は高圧電気を通した電線の如くになった」

という。そしてその日には論説委員会がひらかれ、「日露戦争以来の日本の建て前と正当な権益の擁護」が早々と確認されたともいう。午前七時発行の号外は、「奉天軍の計画的行動」の見出しで、特派員の至急報を国民に知らせた。

「十八日午後十時半、奉天郊外北大営の西北側に暴戻なる支那軍が満鉄線を爆破しわが鉄道守備兵を襲撃したが、わが軍はこれに応戦した。……この日北大営側にて将校の指揮する三、四百名の支那兵が満鉄巡察兵と衝突した結果、ついに日支開戦を見るにいたったもので、明らかに支那側の計画的行動であることが明瞭となった」

なぜに「支那側の計画的行動」なのか、この文章からだけではあまり「明瞭」とは思えないが、理由は問わずということなのであろう。大阪毎日の「満鉄沿線北大営で我軍と奉天軍衝突目下盛んに交戦中」もほぼ同文であるから、各社の記者が関東軍の発表をそのまま打電してきたものなのであろう。

こうして火ぶたを切った報道戦はいわば号外戦となり、これ以後は、朝日と毎日が群をぬく。弱小資本の報知・時事・国民の各新聞も負けずに奮戦したが、のちの号外戦になると活字によるより写真の号外戦となったから、いきおい大資本の朝毎両紙の独占となった。ほかの社はむなしく傍観するほかはなくなっていく。

たとえば朝日の場合でいうと、第一報とともに敏速に緊急態勢をとった。社の飛行機を動員、京城へ飛ばし、十九日夜に奉天特派員の撮った写真を二十日朝京城着の列車でうけとり、広島まで空輸。さらに待機していた飛行機で大阪へ。大阪からはただちに東京へ電送、二十日の午後には早くも日支衝突の写真第一号外が、鈴を鳴らして街をかけぬけるという圧倒的な強さを発揮したのである。

時事新報の編集局長であった伊藤正徳が記している。東京では朝毎が一、二を争っていた、としたうえで、

「私は競争者として長年戦ったものであるが、昭和六年末には、(両紙とも)七十万から八十五万の読者を持っていたように聞いた。あるいは百万刷った日があったかも知れない。保証の限りではないが、とにかくこの両紙が、発行部数において断然他をぬいていることだけは日月懸天の事実である。しかして世間は、大新聞といえばまず朝日、毎日に指を屈する」(『新聞生活二十年』)

と完全に頭をさげている。

問題は、それほど多大な影響力をもつ大新聞のまず第一報の、そのさきにあるものであった。この事変突発をどうみるかである。写真号外が発行された二十日の朝刊で、朝日も毎日も最初の事件にかんする論説をのせて、その見解を読者に示した。

毎日の社説は「満洲に交戦状態　日本は正当防衛」と題して、この事態にいたるまでの中国側の排日侮日活動をつぎつぎに示して、日本守備隊の「機を誤らざりし迅速なる措置に対し、満腔《まんこう》の謝意を表する」と、軍にすっぽりと身を寄せた。そして日貨排斥などで「支那は当然わが国の復報に価する」として、

「わが出先き軍隊の応酬をもってむしろ支那のためにも大いなる教訓であると信ずる」

と自衛というより当然の復讐イコール教訓といった見解を示したのである。

朝日の社説は「権益擁護は厳粛」という標題で論じている。

「事件はきわめて簡単明瞭である。暴戻なる支那側軍隊の一部が、満鉄線路のぶっ壊しをやったから、日本軍が敢然として起《た》ち、自衛権を発動させたというまでである。……事件は右のごとくはなはだ簡明であり、従ってその非とその責任が支那側にあることは、少しも疑いの余地がないのである」

まさに一刀両断というほかはない。そしてつづけて、「最近満蒙における日支関係は不愉快そのものの累積である」のも中国側の悪意によるものであるが、日本は忍べるだけ忍んできた、しかし隠忍にも限度がある、として、

「日本の重大なる満蒙権益が現実に侵犯され、踏みにじらるるとき、いかに日本が死命を賭しても、強くこれが防衛に当たるかという、厳粛無比の事実……不幸にしてそのときがついにきた」

と断言する。そして、この「厳粛無比の事実」の前には、もはやよけいな論議や詮索は無用であり、国民はただ決意を新たにするのみ、というのである。

各新聞社は、それまでに日中間で緊張が高まっていたため、早くからいざという場合に備えていた。朝日と毎日は奉天に十二、三名の記者をおき、満洲各地に散在する通信員と緊密な連絡をとっていた。電通と連合の両通信社は奉天支局にそれぞれ十名、時事・報知・国民・中外・読売の各新聞社はそれぞれ二、三名。「これは満洲で近いうちなにか始めるなということが予感されていたからであって、しかも奉天に主力を注いでいたなど決して事変が偶然突発したのではないことを裏付けている」（三枝重雄氏による）

さきの武内奉天通信局長の戦後の回想によっても、「常時二十人ぐらい、多いときは四十人ぐらい現地で動きましたね」という。であるならば、これだけ多勢の有能な記者がいながら、だれひとりとして関東軍の陰謀の噂すら知らなかったのであろうか。

いや、決してそのようなことはないのである。ここに興味深い資料がある。憲兵司令官外山豊造が参謀次長二宮治重あてにだした報告書である。日付は昭和六年十月九日とあるから、事変勃発後まだ二十日しかたっていない。題して「満洲事変に特派せられたる大阪毎日新聞記者の言動に関する件報告（通牒）」とある。記者の名は野中成童という。この記者は九月二十二日に門司をでて満洲へ渡り、事変の中心地に勤務し、十月二日に帰国した。そして満洲事変の実情を友人などに語ったのを、憲兵隊がひそかに聞きこんだ。

「一、満洲事変に依り現地に派遣せられ、その真相を知るに及び馬鹿らしく、到底真面目に勤務すること能わざるをもって、社命を俟《ま》たず帰来せり。

二、満洲軍は新聞班の外に宣伝班を組織し、極力日本新聞を利用、有利なる宣伝を為すべく務めたり。

三、鉄道破壊の如きは日本軍が爆弾をもって自ら爆破し、支那側の行為なりとして支那兵営を占領したるものの如し」

この野中記者がその後どうなったかつまびらかにしないが、わずか数日にして真相を見ぬいていることがわかる。いわば白紙の特派員ゆえに、事実がよくみえたというわけでは決してなかろう。要は他のものはみえてもみようとはしなかったのである。

これでは大新聞ばかりではなく、どこの新聞も事実関係など調べてみようともしなかった、と評するほかはない。そうとしか考えられない。調べようとすれば、かならず関東軍の妨害なりをうけ、林総領事のように軍の謀略という印象をうけたにちがいないと思えるからである。

それとも関東軍の策略の噂、いや事実を承知していてなおも自衛論を展開し、日本軍の行動を「厳粛無比の事実」をもって絶対化し、批判をみずから封じこめ、以後も国民にむかって正当性を宣伝しつづけていたというのであろうか。朝日の場合は、十九日の論説委員会が確認した「権益の擁護」が反省再検討されることもなく、その後も社論をリードしたということなのであろうか。

『朝日新聞七十年小史』（一九五七年）は、事変前までリベラルな主張をとおし、軍縮の正当性を説き、軍部に批判的であったおのれの歴史を誇らしげにふり返り、「昭和六年以前と以後の朝日新聞には木に竹をついだような矛盾が往々感じられるであろうが、柳条溝の爆発で一挙に準戦時状態に入るとともに、新聞紙はすべて沈黙を余儀なくされた」

と説いているが、これは正確な認識ではないようである。「沈黙を余儀なくされた」のではなく、積極的に笛を吹き太鼓を叩いたのである。

このかんに、というよりも、事変勃発とほとんど同時に、とうてい外交交渉では解決の目途がつかないとみてとった蔣介石の国民政府は、九月二十一日に、国際連盟とアメリカ政府とに日本軍の侵略行為を提訴した。事変はいよいよ国際的舞台において扱われる紛争となった。

戦火を煽ったマスコミ

約二十万余の大軍と正面から戦火を交えた関東軍は、委細かまわなかった。本庄軍司令官は板垣参謀の説得でふたたび動きだした。強く陸軍中央に朝鮮軍の越境を要求してきた。兵力増援がなければ第一線の軍を引くほかはなく、満蒙問題の解決は水泡に帰せざるをえない。九月二十一日午後、ついに朝鮮軍司令官林銑十郎大将は独断で越境に踏みきり「関東軍は吉林方面に行動を開始するにいたり、著しく兵力の不足を訴え、朝鮮の増援を望むこと切なる重ねての要求を接受し、義において忍びず、……出動せしむることとなせり」と陸軍中央に連絡してきた。陸軍中央は事後承認の最後の手段によることを決意した。

翌二十二日午前に閣議がひらかれることになった。前日の閣議では、国境線にせまった朝鮮軍をもとへ戻すかどうか論議してまとまらなかったものの、安保清種海相以下の閣僚は越境問題には反対を表明している。それがあるから、この日の閣議でもし出兵が認められないときは、陸相、参謀総長の辞職をも辞せず、政府に最後の強圧をかけることを軍部は決意した。陸軍中央はここが天王山と覚悟をきめ、そしてもし政

府の弱腰にひきずられるようなことがあれば、

「内外嘲笑ノ的トナリ、既ニ一部ニ流布セラレツツアル軍部中傷ノ声ヲ高メ、又満洲方面ヨリ流入シツツアル軍部ニ不利ナル諸情報ヲ拡大シ、啻《ただ》ニ軍部ノ威信ヲ低下スルノミナラズ、現在ノ対軍部応援ノ気勢ヲ反転シテ、軍部攻撃ノ声ヲ増大セシメンノミ」

と、「機密作戦日誌」は根本から計画の崩壊する危険のあることに懊悩《おうのう》していたのである。ここにある「現在ノ対軍部応援ノ気勢」とは、新聞・ラジオによってリードされている世論であることはいうまでもない。その世論がいつひっくり返るかわからない。新聞の影響力を恐れ、世論が軍部攻撃に転じるのをなにより陸軍中央が憂慮していたことを物語っている。

しかし、それは杞憂であった。朝日は二十一日の午後二時半から事変のニュース映画第一報を、東京の本社で一般公開し、大いに敵愾心《てきがいしん》をもりあげていた。そして紙面で、「観衆は定刻前三十分から講堂にあふれ文字どおり立錐《りっすい》の余地もなく次々に銀幕の上に躍り出る奉天占領の状況、勇敢なる我が軍の行動等手にとるごとく展開され大喝采を博した、続々と集まってくる観衆のために引き続き三回にわたって映写をくり返し、大成功を収めた」（九月二十二日付）

と報道し、いちだんとオクターブをあげているのである。

こうした新聞紙面に躍る勇ましい記事の影響をうけたわけでもあるまいが、閣議はまことに冴えないものとなった。朝鮮軍の独断専行の越境にたいして「全員不賛成ヲ唱ウルモノナシ」と、腰くだけの様相を呈した。若槻首相は「すでに出兵してしまったものだから仕方ない」とし、閣僚たちは無気力にも事実を追認した。そのうえに臨時軍事費六百五十万円を支出することをも決定したのである。陸軍は、大元帥の認可をえない朝鮮軍の越境は統帥権干犯《かんぱん》行動ではないか、と攻撃されたら弁解もできぬ致命傷をさらしていたが、閣僚のなかに捨て身でこれに食いついてくるもののいないことに、心から安堵した。

そして、あせる軍部をより力づけたのは新聞であった。朝日は九月二十三日「朝鮮軍の満洲出動　閣議で事後承認」を報じたうえで、その社説「中外に声明するところあれ」で、かえっていまこそ勇断を示せと政府の尻を叩いているのである。

まず「軍司令官の独断専行で国外出兵することができることの制度にも疑問があろうし、外務当局と無関係に、軍事当局が行動し得る事実にも批判の加うべきがある」と一応はたしなめてはいるが、これは勘違いをしている。この場合の軍の独断専行は「制度」の問題なんかではなく、許されざる統帥大権の干犯行為なのである。軍法会議で処断はまぬかれない犯罪なのである。あれほど前年に〝統帥権干犯〟問題が論議されたにもかかわらず、すっかり忘れ去ったかのように、この認識がまったくない。この社説の訴えようとしているのは、しかし、そんなところにあるのではない。それは、

「事実において陸軍が動いた以上は、それは帝国陸軍が動いたのである。……軍部と政府との間に齟齬《そご》があり、疎隔があるかのごとき印象を内外に与うることは、もっとも避くべきであり、閣議はすべて未決定なりと発表して荏苒《じんぜん》勇断を欠けるがごとき印象を与うることは、もっとも愚である」

と、いぜんとして弱腰をみせている若槻内閣に勇断を示せと迫るのである。

毎日のこの日の社説「満洲事変の本質　誤れる支那の抗議」は、南京政府の抗議をとりあげ、「その抗議になんらの理拠も見いださないのである」と一蹴した。そして「日本はまさに支那のために、国威と利益を蹂躙《じゅうりん》された被害者である」という認識を示している。相手に猛攻をかけて完全に制圧しているほうが被害者というのも奇妙であるが、それよりも、かりに被害者であるというのであれば、逆に相手の権利を蹂躙するのはいっこうにかまわないというのであろうか。

陸軍中央はこれらの新聞報道にがぜん意を強くしていた。参謀次長より関東軍参謀

長へのその日の電報は、なお関東軍の慎重な行動を要請しつつも、自然と自信がにじみでていた。

「……中外ノ輿論亦概《おおむ》ネ之ヲ是認シ、殊ニ国論ハ一致シテ之ヲ支持シアリ、然レドモ爾後ノ行動ハ国家ノ最高政策トノ関係モアリ……」

関東軍の意気はもう字義どおり天を衝《つ》いていた。すでに生色をとり戻している石原参謀の頭脳は、他の追随を許さない鋭敏さでつぎからつぎへと作戦プランをあみだしていた。

「関東軍命令　九月二十二日

一、哈爾賓《ハルビン》ノ形勢益々不穏ニシテ今朝我ガ朝鮮銀行ソノ他ニ爆弾ヲ投シタルモノアリ。哈爾賓総領事ハ政府ニ出兵ノ請求ヲナセリ。

二、軍ハ速ニ哈爾賓赴援《ふえん》ノ準備ヲ整ヘントス（以下略）」

関東軍司令部がすでに満洲北部ハルビンへの兵力進出を計画していたことがわかる。東京あたりからくる〝不拡大〟命令なんかもはや歯牙にもかけていない。統帥権干犯の大罪も問題にしていない。

この陸軍をさらに勇気づけるかのように、朝日は二十四日の社説で、政府がこの期《ご》におよんでも公式声明をだそうとしないことに焦《じ》れたように、事変が自衛権の行使で

あることをあらためて強調した。そして、南満洲は中国の領土であって〝不可侵〟は当然のことであるが、

「いずれの国家も自己保存、自己防衛上緊急切迫のとき、他国の権利を侵害することのあるも、それは国際法の許すところである」

と、堂々の論を展開している。これをよくよく読むと、朝日は事変において日本軍が「他国の権利を侵害」したものと認めているかのようである。

若槻内閣は新聞にハッパをかけられたかのように九月二十四日、関東軍の行動を自衛のためであると正当化し、事変の不拡大方針と、権益擁護であって軍事占領にあらず、との決意を示した政府声明を内外に報じた。いっぽうジュネーブの国際連盟では、これより前の二十二日に、中国からの提訴にしたがって理事会が招集され、日中両国政府にたいし事件の不拡大と軍隊の即時撤兵を求める緊急通告を満場一致で決議していた。

この両方をうけて毎日は、二十五日の社説「連盟の通告とわが声明」で、その意見を表明した。連盟は緊急通告をしてきたが、大国と小国とのあいだに意見の相違があって、これ以上の処置にでる余地はないと、まず楽観視して、これにたいして日本政府の声明はまさに正しき見解である、としたうえで、

「皇軍に節度あり、規律あり、正義の一念に燃えている以外、毫《ごう》も他より非難せらるべき意図なきことを確信する」と、「皇軍」の文字をはじめて使うことで、軍との一体感にあるものであることを表明したのである。

朝日の二十五日の社説も、毎日に負けず劣らずの強硬論をぶちあげている。「我が国が満洲に対してなんら領土的野心を有せず、今回の事変が全く百万の国人と二十億の投資とに対する自衛権の発動にほかならぬことは、事件突発以来吾人の繰り返し論じたところで、吾人はこれしきの声明を発するに、何故にしかく時間を要し、幾回かの閣議を繰り返さねばならなかったを、むしろ不思議に思うのである」と、きびしくまたも政府批判を突きつけ、「声明遅延の結果は事情に無知識なる外国新聞紙をして無用の憶測をたくましうせしめ」たと、「当局の怠慢」を責めたてた。また、この日の朝日の政治漫画〈堤寒三〉は、国際連盟に泣いて駈けこむ中国人の姿をおかしく描き、「悪戯《いたずら》の限りを尽くして、叱られればこのとおり……」とコメントをつけている。

こうして事態がどう転回するかわからない微妙な時点で、新聞と放送はひとしく日本国民に向けて満洲の権益擁護の絶対性を根拠に、事変の全面的肯定論を主張しつづけたのである。陸軍中央は見事に賭けに勝ったといえるであろう。戦争突入をテコとして、政治・外交の主導権をにぎった軍部にとって、必要なのは下からの力、大衆的支持であった。世論の応援であった。軍中央は、ジャーナリズムの利用法を作戦「大綱」のなかにあらかじめ組みこんでいたのであるし、のちに関東軍は全国民に口当たりのいいように、スローガンを「新満蒙の建設」とつくり直してみせたりしたのである。

案ずるより産むはやさしかった。世論操縦に積極的な軍部[7]以上に、朝日・毎日の大新聞を先頭に、マスコミは争って世論の先どりに狂奔し熱心となった。軍部にとってはまことに都合のいい社会状況が自然につくられていったのである。朝日の二十五日の社説にいう「二十億の投資」とは日露戦争のことである。満蒙権益のためにはらった犠牲という意味で、前にもふれたように、あるいは「十万の英霊、二十億の国帑《こくど》」ともいわれた。日露戦争からまだ二十六年しかたっておらず、体験者も多く生存し、また学校や社会教育をとおして満蒙の権益のイメージは強く国民に植えつけられていた。当時の最大の情報源である新聞は、その権益擁護の絶対性をあおったのである。

作家永井荷風の日記には新聞社の号外競争がはっきりと残されている。

「九月二十二日　号外売りしばしば門外を走り過ぐ、満洲の戦報なるべし」

「九月二十五日　満洲戦乱の号外しばしば出づ。……空くもりて幾望の月暗し」

事変後一週間たったこの九月二十五日ごろには、各神社には必勝祈願の参拝者がどんどん押しよせ、無名の志士・国士からの血書血判の手紙が、陸相の机を山となって蔽《おお》ったという。南陸相は、「日本国民の意気は未だおとろえぬ頼もしいものがある。この全国民の応援があればこそ出先き軍人もよくその本分を果しうるのである。実に感銘に堪えぬ」と喜色満面となった。これが事変直前に天皇に叱責され、顔面蒼白となった人の言葉なのである。

そして陸軍中央は率先して新聞報道を指導するようになる。軍務局長小磯国昭の面白い回想が残されている。飛行隊が錦州付近の敵情を偵察していたとき、地上からさかんな射撃をうけたので、携行していった小爆弾を投下した。これを新聞はいっせいに「わが軍錦州を爆撃す」と大袈裟に報じた。これに小磯は注文をつけるのである。「元来、こんどの事変は日本が支那軍の無暴な挑戦にたいし、正当防禦上戦《いくさ》をしているので、錦州の偵察でも当方から好んで爆弾を落としたのではない。爆弾を落としたのは事実だが、これは応戦である。そこで新聞に書くにしても、標題は錦州の支那軍わが飛行機を射撃すと書くべきだよ」。そう小磯局長は書いた上で、こんな感想を抱いたことをつけ加えている。

「とかく新聞記者の記事の扱い方が売らんかな主義に堕し、読者に刺戟を与え興味をひくことを主とし、それが味方の軍または国家のためいかに影響しようと、無関心であるというような傾向をもっている」

なんと新聞をこけにした言い方ではあるまいか。

孤独な事変批判

しかし、ここにひとり異をとなえる人があった。雑誌があった。石橋湛山と『東洋経済新報』である。

ちょうどこの年の六月、東洋経済新報社は牛込天神町の木造三階建ての社屋から、日本橋本石町三丁目に建てた地下一階地上五階建ての鉄筋コンクリートの新社屋に移ったばかりのときである。明治二十八年の創立いらいの、三十五年ぶりの中央進出であった。社員総数六十六名、雑誌の売れ行きも急増で、同じ月には経済倶楽部設立と、湛山を中心に前途に大きな夢を描いていた。

そんな順風満帆のときに、偶然といおうか、昭和史が大きく転回したのである。しかし、「東洋経済」は字義どおり社運を賭けて時代と対決してゆくことになった。

満洲事変が起きる直前まで、社屋新築祝賀会や記念講演会などで時間をとられ、時勢の変化にたいしては楽観視していた。まさか大陸への出兵はあるまいと、その直前まで湛山が観望していたのは事実である。

その予想に反して事変がおき、朝鮮軍の越境出兵が認められ、当初の不拡大方針にもかかわらず戦火はぐんぐんと拡がっていった。『新報』はただちにエネルギッシュに、事変批判を開始した。その最初の烽火《のろし》が九月二十六日号の社説「内閣の欲せざる事変の拡大　政府の責任すこぶる大」であり、「満蒙問題解決の根本方針如何《いかん》」の二篇である。ともに筆をとったのが石橋湛山。

湛山はまず前者の社説で、軍部の独走を指摘した。事件勃発いらいの経過をみていると、内閣と軍部との間に意見がひどく相違しているのは明白である、として、内閣の不拡大方針を軍部が無視して勝手なことをしていると断じた。

内閣はぜひとも事件を拡大せぬように、兵を動かさぬようにと、しきりに軍部に要求せるにかかわらず、その要求はほとんど受け入れられた形跡もない。はなはだしきは、内閣会議で議論が決せず、その決定を明日に保留せる出兵を、会議終了後いくばくの時も経ず、すでに朝鮮軍司令官が独断で決行したから、そう承知してもらいたいと、陸軍大臣は首相に報告して済ましたと公表せられた。これは、もともと内閣が決定を明日に延期したのが間違いで、軍司令官の独断専行は、全く機宜の処置やむをえなかったためでもあろう。またもとより軍部とて、事変の拡大を好んでいるのではないであろう。が、それにしても、かように内閣の方針が、ほとんどことごとに軍部のなすところと異なって、どこに内閣の権威があろう。

それというのも、統帥権の独立といい、帷幄《いあく》上奏といい、軍事と内政とが分離しているところに問題がある、と湛山はいう。

我が国の法制によれば、陸軍を動かすことは、参謀総長のいわゆる帷幄上奏により、首相または内閣の意向のいかんにかかわらず、できることになっているらしい。が、これがかりに法制上は正しき事柄であるにせよ、国家として政治的に考えれば、無論さような乱暴が行われてはたまらない。演習ならば別のこと、いやしくも海外において、内閣の好まず、意図せざる兵が動かされるということになったらば国家の危険このうえもない。

満洲事変がおこった直後において、統帥権の問題に直接にふれて論評したのは、この社説だけといっていい。しかし、さすがの湛山もそれ以上の軍部への追及は行わず、その責任を一に政府に帰した。そこがなんとも歯がゆくもの足りないが……。

しかし我が国の政治をかくのごとく分裂せしめ、あたかも日本には、同時に二個の政府が存するがごとき観を呈せしめた罪は、いろいろの弁解もあろうが、究極するところ、内閣が負わねばならぬ。さらに率直にいえば、若槻首相に目下の日本の政治を統轄するだけの力がない。ために首相とその率ゆる内閣とは、軍部からストライキを受けた。こういうことになるのである。果たしてしからば若槻首相は、内閣は、この責任をいかに負うか。朝鮮師団の移動については、さすがに一時幣原外相の辞職説も伝わったが、どうやら、それも立消えになった。この重大な時局にあたって、国内に政治的変化を生ぜしむることは避くべきだとの口実によろう。それも一応の理屈であるがその結果は、内閣が軍部の方針に屈し、その引き回すままに従ったということだ。たといそれが正しい行き方であった——いい換えれば今までの内閣の方針が間違っていたから改めたのだ——としても、内閣は亡びたに等しい。記者はさようの内閣がまたこの重大な事変の跡始末を善くなし得るや否やを疑う者である。

それでもなお、あたかも日本には同時に二つの政府がある、という湛山の指摘はあっぱれと評したい。

これよりも、湛山の、満洲事変にたいする全面的な批判としては、後者の社説につきる。これはつぎの号（十月十日号）に続篇が掲載されて完結したが、湛山はここで、日本が満蒙問題を解決する最良の要件は、中国のナショナリズムをまっすぐ認識し、いさぎよくその要求を受けいれることである、とおよそ当時の日本人だれひとりとして考えぬ異端の説を展開し主張した。一言でいえば、ジャーナリスト湛山の年来の信念である「満蒙放棄論」である。世はあげて「暴戻なる支那兵」で狂奔しようとしているときに、なんと壮烈な言論の戦いであることか。

湛山は、日本がいわゆる満蒙の特殊権益を保持する方針をとるかぎり、満蒙問題の根本的解決はない、と新聞の「権益擁護の絶対性」主張と正反対の立場を表明した。力をもって中国にとやかくいわせぬ情勢をつくりさえすれば、根本的解決をとげたというものではない。なぜなら、それでは支那の政府と国民とは納得しないにきまっている。あるいは一時は力に屈して、しぶしぶ承諾する形をとっても、いつかはまた必ず問題を起こし来ることは、かの大正四年の二十一個条要求がその後いかなる結末を示したかを見ればわかる。いわんや今日は、大正四年当時とは異なり、力をもって、しぶしぶなりと支那を屈することさえ、恐らくはでき難い。あるいはかように問題の解決が困難なるは、畢竟《ひっきょう》満蒙が支那の領土であるからだから、これを何かの方法で日本の所有に帰せしめたらなどいう者もあるかしれぬ。しかしそれでも同じことだ、かりにさような勝手の真似が出来たにせよ、支那国民は断じてそれに満足せぬからだ。しかして支那国民が、日本の満蒙に対する政治的進出を、いかなる形においても肯《がえ》んぜず、しきりに排日行動に出ずるに対して、我が国人は過去の歴史や条約やあるいは支那に対する日本の功績やらを理由として、彼らを非難し、その不道理を説くけれども、そんな抗議は畢竟するに、この問題の解決には無益である。かの国人が、彼らの領土と信ずる満蒙に、日本の主権の拡張を嫌うのは理屈でなくして、感情である。

つまり、それがナショナリズムということなのである、と湛山はいう。

いかに善政を布かれても、日本国民は、日本国民以外の者の支配を受くるを快《こころよ》しとせざるがごとく、支那国民にもまた同様の感情の存することを許さねばならぬ。しかるに我が国の満蒙問題を論ずる者は、往々にして右の感情の存在を支那人に向かって否定せんとする。明治維新以来世界のいずれの国にも勝って愛国心を鼓吹し来れる我が国民の、これはあまりにも自己反省を欠ける態度ではないか。

ところが、この自己反省もなく日本の満蒙問題論者は、中国人への侮蔑を根本においている。中国の国民性を理解しようともしない。いま統一国家の建設に奔走しつつある中国青年たちは、もう清朝時代の中国人とはまったく異なっている。

彼らの胸中には、清朝時代全く消滅せるかに見えた国民意識が驚くべき強烈さをもって蘇った。それは彼ら中華民国の建設者らが、いかに近年国民教育に意を注ぎ（賢明にもこれまた明治維新以来、新日本の建設者らが行えると同様の方法である）もって国民の愛国心を養い、国家の統一をはかるに努めつつあるかを見てもわかる。かかる教育は未だかつて支那に行われた例はないであろうが、それだけにまたその効果は前例を見ざる強大なるものがあろう。しかして今日は、まだ比較的少数の先覚者のみに抱かるる愛国心が、次第に多数の若き国民の間に瀰漫《びまん》し、牢固《ろうこ》たる統一国家を組成するに至る日も（過去の支那から推して、しばしばその不可能が信ぜられるといえども）、あるいは意外に急速に来るかもしれぬ。

このように、中国人を侮蔑する風潮の誤りを冷静に説く。大新聞の社説が、この『新報』の社説と同じように客観的で感情を抑えたリベラルなものであったなら、おそらく国民感情はまったく違ったものになっていたのではないか。

これにつづいて十月十日号では、武力でもって中国の統一国家建設の動きを完全に叩きこわすことはできぬ、としてその理由をあげ、それができぬならば「口先ばかりの日支親善ではなく」実質的にそれを行い、日本の安全と繁栄とをはかる工夫をすることだ、と説いた。しかし、多くの人は反発するであろう、「満蒙なくば我が国は亡ぶ」と。それなのにどんな工夫があるのか。湛山はこう論じてきて、しかしわが意見は違うといいきり、満蒙が生命線とされる理由のひとつひとつに反論を加えるのである。

第一に、過剰な人口のはけ口としての満蒙が必要である説。

しかし人口問題は、領土を広げたからとて解決はできぬ。論より証拠、我が国は、明治二十七、八年の戦役以来、台湾、朝鮮、樺太を領土に加え、関東州、南洋諸島を勢力下に置き、満州の経営にまた少なからざる努力を払ったが、その結果は全くなんら人口問題の解決に役立っていない。将来とても恐らくは同様だ。これは今日いかなる領土拡張論者も認めざるを得ぬところのようだ。

第二に、鉄・石炭などの原料供給地としての満蒙が重要不可欠である説。

これも現在までの事実においては、全く違う。満蒙はなんら我が国に対して原料供給の特殊の便宜を与えていない。が、かりに右の説が正しとするも、もしただそれだけのことならば、あえて満蒙に我が政治的権力を加うるに及ばず、平和の経済関係、商売関係で、優々目的を達し得ることである。否、かえってその方が、より善く目的を達し得るであろう。

と、いかにも経済人らしく答える。

第三に、満蒙を失うことは日本の国防危うし、すなわち満蒙を国防の第一線としなければならないという説。

これはあたかも英国が、その国防を全うするには、対岸の欧大陸に領土を有せねばならぬと説くに等しい。記者はさようのことを信じ得ない。我がアジア大陸に対する国防線は、日本海にて十分だ。万一の場合もしこれが守れぬほどなら、満蒙を有するもけだし無益だ。

結果論になるが、太平洋戦争は、けだし右の湛山の国防論が思いもかけず正しかったことを証明した。

これでは新聞が太鼓を叩く満蒙の権益の擁護がまったく無意味になってしまう。そしてこの社説は最後に結論づけていう。

満蒙は、いうまでもなく、無償では我が国の欲するごとくにはならぬ。少なくも感情的に支那全国民を敵に回し、引いて世界列強を敵に回し、なお我が国はこの取引に利益があろうか。そは記者断じて逆なるを考える。

それはもう湛山のいうとおりであった。平和の経済関係、取引関係を築くべく努力したほうが、ずっと有効であろう。しかし、せっかくのこの湛山の切言《せつげん》も、「権益擁護」の新聞各紙の大合唱の大きな渦のなかに、さびしくも呑みこまれていってしまう。

なお、この十月十日号の『新報』には、「満蒙問題座談会」が掲載されている。出席者は長谷川如是閑、蠟山政道（東大教授）、那須皓《しろし》（東大教授）、志立鉄次郎（前興銀頭取）、青木節三（国際連盟東京支局）たちで、その冒頭で、湛山はつぎの問題提起をして、事変にたいする批判を明確にしていた。

一、我が国は満蒙の特殊権益を保持せねば国の存立危うしとの説あり、そは果たして真実なりや。

（イ）いうところの特殊権益とは何なるか、その我が国に対して有する意義は如何《いかん》。

（ロ）国の存立危うしとはいかなる意味なるか。

二、満蒙の特殊権益の保持を望むとして我が国は果たしてその目的を達し得るや。

（イ）力をもって達し得るや。

（ロ）力以外の手段をもって達し得るや。

三、我が国は満蒙にいわゆる特殊権益を保持せず、しかも能く国家の安全と繁栄とを期する策なきや。

この座談会そのものも出席者が率直に考えているところを語り、真剣な討論となっていて面白いが、それよりもこの座談会に関連して記されたこの号の「編集室より」がより傑作である。

◇出席者の顔ぶれは大分予告とは違い、大川周明、上田貞次郎、山崎覚次郎の三氏は当日突発事故のため、また矢作栄蔵氏は旅行に出られて、出席不可能となられました。読者の御諒承を乞います。◇ただ怪しからぬは参謀本部第一部長陸軍少将建川美次という男である。前号にも書いたとおり彼はすこぶる野蛮千万な威張り方で応待し、そうして「出てやるッ」と断言した。しかも、未だになんの挨拶もないのだ。ああいう男が兵を動かし、しかもその経費がすべて民衆の肩にかかってくるのだと思うと憤激に耐えない。

作戦部長建川にたいするこの公然たる罵倒をみよ、である。湛山の闘志のすさまじさがほとばしりでている。江口圭一教授は、この十月十日号の『新報』を評していう。

「この号こそは〝満州事変〟に対するもっともすぐれた批判の一つであるとともに、長年にわたる『新報』の帝国主義批判の言論活動のなかでも、最高の頂点の一つを築くものであったといえよう」

わたくしも同感である。

乗り出してきた国際連盟

湛山の反対論を無視してあとは一瀉千里であった。事変の点火から満洲国建国（昭和七年三月）にいたる過程は、関東軍の思うがままといっていい。主導権を確保したし、それにもっとも大事な大衆的支持もうけた。

十月二日、関東軍参謀部は、独自の「満蒙問題解決案」をひそかに決定した。石原参謀の起案になるものである。

「方針――満蒙を独立国トシ我保護ノ下ニ置キ、在満蒙各民族ノ平等ナル発展ヲ期ス」

石原も、はじめに構想していた「満蒙領有」論を捨てて、民族協和による「新国家建設」案を採用したのである。これもまた、はっきりいえば、国防・外交・交通・通信は日本が掌握し、新政権は内政を担当するのみ、という完全な傀儡《かいらい》政権構想なのである。

これをうけて十月四日「司令部公表」を発表する。

「軍ハ政治外ニ超然トシテ専ラ治安ノ維持ニ任ジ、兵ヲ養ヒ、静観ヲ持シアリ。固《もと》ヨリ軍ニヨリ治安ヲ維持セラレアル奉天省城内ニ政権ヲ樹立シ、或ハ密《ひそか》ニ此処ニ策謀スルガ如キハ断ジテ之ヲ容認セズ。然レドモ満蒙在住三千万民衆ノ為共存共栄ノ楽土ヲ速《すみやか》ニ実現センコトハ衷心熱望シテ已《や》マザル所ニシテ、道義ノ上ヨリコレヲ観ルトキハ、速カニコレガ統一ヲ促進スルハ、ケダシワガ皇国ガ善隣ノ誼《よしみ》ヲ発揮スベキ緊急ノ救済策ナリト信ジアリ」

ひそかに積極的な新政権樹立工作（宣統帝溥儀《ふぎ》をかつぎだして傀儡政権をつくる案）を推進しながらの堂々たる嘘を、関東軍は自信をもってついている。

この公表文を起案した参謀片倉衷《ただし》は書いている。

「軍の外交権の侵害であるとか、軍の政治関与であるとか、これを論難するものがすくなくなかった。政府、内閣方面の空気はとみに悪化し、陸軍大臣を苦況に陥れた。しかし、国民輿論はかえって激成され、熱狂的支持を受け、軍を激励、鞭撻するものが続出した」

十月六日、内閣と関東軍司令部との打ち合わせがあったとき、軍司令官本庄大将は新政権樹立のための「三原則」を胸を張って提示した。それはわかりやすくすれば、
一、満蒙を中国本土から切り離すこと。
二、満蒙を一手に統一すること。
三、表面は中国人が統治するが、実質的には日本が掌握すること。
というあからさまなものであった。背後には世論がついているぞ、と言外に示していた。軍部はもうすっかり自信に満ちていた。

それにつけても、国民の「熱狂的支持」を軍部がうけるようになるまで、新聞や放送のはたした役割はあまりにも大きかったというほかはない。満洲国独立案、錦州爆撃（十月八日）、国際連盟からのはげしい抗議など新局面がひらかれるたびに、新聞は軍部の動きを全面的にバックアップしていった。

とくに毎日新聞がハッスルした、といっていいであろうか。十月二十七日の「守れ満蒙＝帝国の生命線」の大特集をし、昭和十六年に出版された『東日七十年史』は、この「生命線」というスローガンが国民の間に深く浸透したのは毎日の力であるとし、みずから大きく評価している。

あるいはまた、当時、毎日新聞政治部記者であった前芝確三の発言が、いみじくも毎日のはたした役割をいい当てている（『体験的昭和史』）。

「事変の起こったあと、社内で口の悪いのが自嘲的に〝毎日新聞後援・関東軍主催・満洲戦争〟などといっていましたよ」

なんということか、と嘆くほかはないのであるが、社説や報道記事をみるかぎり大正いらいリベラリズムを誇った朝日も、それに勝るとも劣らなかったことはすでに書いたとおりである。そして朝日・毎日の大資本による全国紙は、報道戦の名のもとに、戦況ニュースの速報において地方紙や群小紙を圧倒したのである。近代戦はまさに大資本の絶好の活躍舞台であった。多くの飛行機、自動車、電送写真機など特殊通信器材という機動力と最新機械力とをフルに動かせるのは朝日・毎日の両紙のみといっていい。ちなみに、事変中の六カ月間に両社は臨時費をそれぞれ百万円消費した。当時の総理大臣の月給八百円とくらべてほしい。

朝日の発表では、飛行機の参加台数八機、航空回数百八十九回、自社製作映画の公開場所千五百、公開回数四千二十四、観衆約一千万人。写真号外の発行度数百三十一回であったという。もちろん毎日も映画を製作し負けずに観客動員をかけている。

新聞は、戦争とともに繁栄し、黄金時代を迎えるという法則があると聞くが、それがものの見事に実証されている。そしてそこでは、ニュースの最重要な特性である客観性が、センセーショナリズムに侵され、特大の活字でくり返され、軍部の選択したコースへ世論を誘導していく役割だけをはたすことになる。

しかもその裏側で、不名誉ともいうべき噂が巷をかけめぐっていたのである。そのことについて『文藝春秋』十一月号がいささか下品かともいえる筆致で、冷やかしている。

「ホガラカついでに『朝日新聞』ともあろうものが、軍部の強気と、読者の不買同盟にひとたまりもなく恐れをなして、満洲のお筆先きに手加減をした。いや、軍部の頭株のために一席設けて、よろしく意志の疎通を計ったなどはたとえ一場のゴシップだと聞き流しても愉快じゃない。泣かにゃならん女の身、売らにゃならん新聞紙、これでもジャーナリズムの勝利というのか……」（「ヂャーナリズム展望」）

同じ噂は作家永井荷風の耳に、だいぶのちになって入った。荷風日記の筆は辛辣かつもっと具体的である。自然と、火のない処に煙は立たぬという言葉が思いだされてくる。

「去秋、満蒙事件世界の問題となりし時、東京朝日新聞社の報道に関して、先鞭を日々新聞につけられしを憤り、営業上の対抗策として軍国主義の鼓吹にははなはだ冷淡なる態度を示していたりしところ、陸軍省にては大にこれを悪《にく》み、全国在郷軍人に命じて朝日新聞の購読を禁止し、また資本家と相謀り暗に同社の財源をおびやかしたり。これがため同社は陸軍部内の有力者を星ヶ岡の旗亭に招飲して謝罪をなし、出征軍人慰問義捐金として金拾万円を寄附し、翌日より記事を一変して軍閥謳歌をなすに至りし事ありしという。この事もし真なりとせば言論の自由は存在せざるなり。かつまた陸軍省の行動は正に脅嚇取財の罪を犯すものというべし」（昭和七年二月十一日）

荷風の言や颯爽としてよし、と拍手したくなってくる。

この間にも国際連盟を中心とする国際世論は、日本にどんどんきびしくなっていった。連盟理事会もはじめ、満洲に領土的野心を抱かず、という日本政府の確言を大歓迎していたが、その言葉とは裏腹の錦州爆撃などの日本軍の軍事行動に強く反発しはじめたのである。理事会は十月十七日、日本軍の三週間以内の撤兵を求めた決議案を作成、さらに不戦条約第二条違反の注意を日中両国にたいして喚起した。そして「両国間の正常な関係の回復を急ぐ」ようにと勧告した。日本は対抗案を提出する。朝日は二十日に、社説「不戦条約違反にあらず」で強く反発し、毎日は「連盟は事情を正解せよ　我が国民は真剣」で、連盟の注意を「第三者の机上の空理空論」と退けた。国際連盟は十月二十四日に採決に入り、日本の対抗案を否決した。そのいっぽうで、日本軍の十一月十六日までに漸次撤兵を求めた理事会決議案も、日本の反対一票がものをいって（十三票対一票）、これまた成立しなかった。しかし、その結果はますます日本が国際世論の前に立たされ孤立化を深めていくことになった。国民はいっそうの危機感を抱き、中国と連盟にたいする敵意を高ぶらせた。

十月二十六日、毎日は社説「正義の国、日本——非理なる理事会」で、国際世論なにするものぞの気勢をあげた。

「わが国の権益を泥土に委《まか》せんとする理事会の決議は、興国日本の天賦の権利を奪わんとするもので、これを歴史に徴し、これを人類発達の跡に見て、断じて正義ではない」

朝日も翌二十七日の社説で、「連盟に優位を占める若干国が……日本を孤立状態に立つの感を呈せしめ」たものであると、強く反発するとともに、その日の夕刊で「その後に来るもの満洲の極寒」と、大きく荒垣秀雄特派員の報告をのせている。それはアッと驚くような〝皇軍〟の勇戦敢闘ぶりの報道なのである。

「四十度の熱で寝ていた者が一戦闘にフラフラ出て行ったまま全快した」にはじまって、「眉間《みけん》から入った弾《たま》が頭がい骨と皮膚の間をクルリと通って後頭部からぬけたのをホンの軽傷と思って戦っていた独立守備隊第○大隊の北山一等卒」「胸部から背中に穴をあけられて息をするごとに出血しながら敵と格闘していた米山上等兵」「爆弾の破片で足の肉をすっかりとられながらも突貫して行った相沢一等卒」……といった勇ましさである。

これらの勇敢なる皇軍兵士を激励するためにも、翌二十八日には「二万個の慰問品目録を本庄軍司令官に贈呈」と伝え、同じ日に「小学生諸君よりの　慰問状を募る満洲駐屯軍へ本社が取次ぎ」と社告し、朝日は小学生まで国策に動員することを開始した。

こう調べながら書いてくると、前坂俊之氏が紹介しているつぎの陸相荒木貞夫大将の言葉が、なんとも皮肉にみえてくる。

「今次の満洲事変を観るに、各新聞が満蒙の重大性を経《たて》とし、皇道精神を緯《よこ》とし、能《よ》く、国民的世論を内に統制し外に顕揚したることは、日露戦争以来稀に見る壮観であって、我が国の新聞及び新聞人の芳勲偉功は洵《まこと》に特筆に値すものがある」

このときに、必死におのれの信ずるところを訴える石橋湛山の声が、どうして人びとの心に達しなかったのであろうか（十月三十一日号「財界概観」）。

連盟の規約は、当事国の一票でも反対なればこの種決議の成立を許さぬから、二十四日のかの決議は不成立に終わったとはいえ、それはただ形式上のことである。十四票中、日本の一票だけが反対で、他はすべて賛成だったということは精神的には決議の成立したと異ならない。そは連盟の権威を失墜せしめたどころか、実に我が外交の未曾有の大失敗を表示するものではないか。……

……ただ一つここに切に我が政府および識者の注意を乞いたき件がある。それはかような外交事件は、とかくその真相が秘密にせらるるところから、誤った観念を国民に与え、無謀な排外思想を激成する結果を来し、ために政府が後には正しき外交を行わんとしても、国内の激化せる情勢に押されて、心ならずも飛んでもない誤った政策をとるのやむべからざるに至る例が、東西古今にはなはだ少なくないということである。記者は今回の満洲事件についても、すでにその危険の存することを認める。政府の目下の苦心は、支那に対してでもなく、連盟に対してでもなく実は国内に対して最も重大であるのではないかとも推察せらるる。果たしてそうとすれば、何をおいてもまず必要なるは、この国内情勢を健全に指導することだが、若槻内閣には、果たしてその見識と、勇気と、力量とが存するか。もし従来のごとき有様で行くならば、政府は啻《ただ》にその外交において軍部の指導を受くるほかなきのみならず、また内政においても同様の結果に陥ろう。

しかし現実は湛山の憂えたとおりに、十月二十四日の「十三対一」による日本の国際的孤立化は、「誤った観念を国民に与え、無謀な排外思想を激成する」こととなった。それは軍部にひきずられた外交の大失敗であった。政府よ、イニシアチブをとって健全なる道を進め、とする湛山の論は、事実を直視した正論ではあるが、銃剣のきらめきや荒々しい吐息の前には、ほとんど無力であったのである。

それにつけても、当時の日本人が新聞や放送の〝愛国競争〟にあおられて「挙国一致の国民」と化した事実を考えると、戦争とはまさしく国民的熱狂の産物であり、それ以外のものではないというほかはない。そして同時に、事変によって軍需景気となり、零細企業群は一気に息を吹き返した。重苦しい空気は一掃されつつあった。戦争とそれにともなうインフレは、まさしく鎮痛用の麻薬にひとしかった。いわゆる「十五年戦争」はこうして絶大なる世論の支持のもとにはじまったのである。(8)

関東軍は、この国民的熱狂の支持のもとに、兵をぐんぐんと進めた。満鉄沿線から奥地にむけて進撃はつづいた。十月八日の石原莞爾中佐指揮による十二機の飛行機での錦州爆撃で、国際的な非難を囂々《ごうごう》とあびたが、意に介さなかった。そして十一月中旬には黒龍江省軍と戦ってこれを撃破、守るべき鉄道線路をのり越えてチチハルに迫った。

さすがに首相若槻礼次郎も閣議の席上で、色をなして南次郎陸相につめよった。

「もし陸軍が東支線を越えてチチハルにまで攻めて行くようなことがあったら、到底自分は責任をとるわけにいかん。今日までは、なんとか道理をつけてわが国の面目を維持するように、国際連盟にたいしても、軍の行動についてはあらゆる弁明に努力してきたが、これ以上軍が北に向って進出するような場合は、到底自分の責任をもって如何ともするわけにはいかん。閣僚諸公は沈黙しておられるが、いったいどう考えられるか」

そのチチハルは、十一月十八日に日本軍によって占領された。(9)

と書いてくると、自然と駐日大使グルーの分析が、心寂しくも想いだされてくる。

「百人中たった一人の日本人ですら、日本が事実上ケロッグ条約（註＝不戦条約）や九カ国条約や連盟規約を破ったことを、本当に信じているかどうか疑わしく思う。比較的少数の思考する人々だけが率直に事実を認めることができ、一人の日本人は私にこういった――『そうです、日本はこれらの条約をことごとく破りました。日本は公然たる戦争をやりました。満洲の自衛とか自己決定とかいう議論はでたらめです。しかし日本は満洲を必要とし、話は要するにそれにつきるのです』。しかし、このような人々は少数派に属する。日本人の大多数は本当に彼ら自身をだますことについて、驚くべき能力を持っている」(『滞日十年』昭和八年三月二十七日)。

このごく少数派の人に石橋湛山があり、しかもその人は「日本は満洲を必要としない」と叫びつづけていたのである。

(4) いわゆる〝満蒙問題〟が日本の新聞に大きくとり上げられるようになるのは、昭和五年(一九三〇)十一月二十日、東北交通委員会によって立案された「満蒙鉄道網」が、中国立法院を満場一致で通過してからである。

それ以前に、すでに中国政府の手によって打通線(打虎山—通遼)が昭和二年に、吉海線(吉林—海龍)が昭和四年に開通しており、日本は両線が「満洲に関する日清条約付属取極《とりきめ》」(明治三十八年)に違反する〝満鉄並行線〟であるとたびたび抗議していた。この両鉄道ができた結果、満鉄は大きな打撃をうけていたからである。が、北京の中国政権はこれを無視してきた。

そこへこんどの満蒙鉄道網の計画の可決である。日本全体がこれを危機意識をもってみるようになった。この計画は「満鉄包囲線」として受けとられ、新聞はこれに声を大にして異議をとなえた。たとえば朝日新聞の社説「満洲の鉄道問題」(昭和五年十二月二日)は、「我借款権に属しているものが引続き踏みにじらるる感あるは、如何なるものであろう」「一大競争線を成して満鉄の利益を害することになる以上は、故障を申立つるは止むを得ぬところであらねばならぬ」とまだ穏やかながら抗議を開始している。そして、この社説はのちになると、そっくりそのままの型で、「借款権」が「権益」となり、「満鉄」が「満蒙」に変じ、「止むを得ぬ」が「当然」と強硬になっていくのであるが……。

（5）当時の軍人の地位について一言。戦後になって「軍部の横暴」ということですべてを説明してしまう傾向が一般的になっている。ところが、新聞に攻撃されて閉口するなど、軍縮時代の軍人の地位は極めて低かったのである。幣原喜重郎の『外交五十年』から引く。浜口雄幸内閣（昭和四年～六年）の緊縮財政政策のころのことである。

「陸軍は、二箇師団が廃止になり、何千という将校がクビになった。将官もかなり罷めた。そのため士官などは大てい大佐が止まりで、将官になる見込みはほとんどなくなった。そうすると軍人というものは情けない有様になって、いままで大手を振って歩いていたものが、電車の中でも席を譲ってくれない。若い娘を持つ親は、若い将校に嫁をやることを躊躇するようになる。つまり軍人の威勢が一ぺんに落ちてしまった」

幣原はまた、満洲事変についてこうも語っている。

「今から遡って考えると、軍人に対する整理首切り、俸給の減額、それらに伴う不平不満が、直接の原因であったと私は思う」

事変の原因が軍人への疎略な扱いだけではないことは言うまでもないが、そんな一面もたしかにあったようなのである。そういえば、軍隊の「地下出版」にこんなザレ歌があったことを、山本七平氏が「私の中の日本軍隊」(『諸君!』昭和四十七年九月号)に書いているのを思い出した。

「貧乏少尉のヤリクリ中尉のヤットコ大尉で百十四円、嫁ももらえん」

(6) 閣議において、十七日に予定していた列車を十八日に変えるよう要請したこと、また、関東満鉄にたいして、幣原外相が陸軍にたいして抱いた疑惑は「たとえば、撫順独立守備隊が軍司令部が十八日夜半に出動準備をしていたこと」などの情報にもとづくものであった。「其他外相ノ言辞ハソレトナク、今日ノ事件ハアタカモ軍部ガ何等カ計画的ニ惹起セシメタルモノト揣摩セルモノノ如カリシ」で、南陸相は「意気稍《やや》挫ケ、閣議席上ノ空気ニ処シテ、イマ朝鮮軍ヨリ増援スルコトノ必要ヲ提議スルノ勇ヲ失ヘリ」と、「機密作戦日誌」は記している。

(7) このことに関連して『改造』(昭和六年十一月号)に阿部慎吾という人の書く面白い記事が載っている。

「新聞記者を操る点でも平生から陸軍のやり方はなまなかの政治家や官吏などより数歩上手だった。……陸軍省はわざわざ新聞班なるものを設け、その班長には要領のいい大佐程度の人物を置き……、今度の事変でも、この新聞班がニュースの供給したり、親切に事情を説明したものので、外務省の役人などよりははるかに宣伝の術を心得ていた。そして、陸軍のやり方に対し、外務省あたりがボツボツ反対の声を挙げると見るや、まだ忙しい最中の二十八日の夜、南陸相が態々《わざわざ》都下の新聞の編集局首脳部を官舎に招待し、所謂《いわゆる》軍部の立場なるものの諒解を求めている」

軍縮で傷めつけられた軍人は狡猾になっていたようである。

（8）この年の『文藝春秋』十一月号が「満洲事変をどう思うか」という企画のもとに、多くの読者の声を集めている。その一部を。

「今回の満洲事変の発生は甚だ遺憾なるも、我国の正当なる権益擁護のため満蒙諸懸案を解決し、以て将来の禍根を断つ可き時と存じ候」

「今度の日支衝突事件は、おだやかに済まさずに再び此のような問題を起さないように、正義に強い日本人や日本魂の大なるを示し、卑怯なる支那人を二度と日本人に手向い出来ぬ様にひどくとっちめてやりたいと思って居ります」

「私の下宿には学生さんが沢山おいでになりますが、みんな幣原外相を非難しておられます。私も外相の行動は悪いと思います。日本国民全体の思想が幣原外相の無能の為に、世界に誤解されつつあることを、私は哀しく思っております」

「私は軍部の取った行動はちっとも悪くないと思っている。何の罪もない邦人を虐殺したり、か弱い女性に暴行を加えたりする悪虐無道な支那人に大しては、将来のこらしめのために、遠慮なく制裁を加えるべきである。またこの機に、日本軍人の強さと立派な態度を海外に発揚すべきだと思います」

「出来たことは仕方がありますまい。進んで禍《わざわい》を転じて福となる方途を考える他はないでしょう。私は幣原外交に多大の信任を払って居ります。善処の方法は実に困難でしょうが、外相が持って居られる大方針大信念に基いて行動せられることが、最も我国にとって有利であろうと思います」

最後のは東京市会議員の島本龍太郎の投書で、これは例外といっていい意見である。軟弱外交非難の大合唱の中で、よくぞ言ったりの感なきにしもあらずである。当時の日本人の大方は一番目の意見に集約される。新聞や放送の〝愛国競争〟にあおられている国民の姿はおおよそこのようなものであったのである。

(9)　十一月十六日、幣原外相は閣議で、関東軍のチチハル占領に反対し、ジュネーブの国連日本代表の総辞職を言明した。そうした幣原の穏健なる外交方針はますます国民の支持を失っていく。さらには陸軍の急進派によるクーデタで背後を脅かされることになる（十月事件）。この計画は十月十七日、首謀者が憲兵隊に検挙されて未遂に終わったが、その後も流言蜚語がしきりに流されて政界は動揺するばかりとなる。

そんな世情を背景にして、十八日、日本新聞協会は声明書を発表している。これが情けないことに、国民の集団ヒステリー現象を煽らんばかりの声明であったのである。中国の排日の「横暴のきわまるところが、満洲事変になった」と断定し、そうした日本の苦悩を無視して、「いたずらに支那人の空言を信じ、日本の撤兵を強要するような片手落ちの措置をあえてするに至ったのは、国際連盟みずからが国際正義を破壊するものである」と、連盟を新聞界全体で非難しているのである。新聞協会が国際問題を論じ、国民を宣撫《せんぶ》しようとするのは、本来の目的からひどく外れている。にもかかわらず、このように壮語するというのは、当時の新聞人の精神構造は戦争に熱狂するあまり狂っていた、と評するほかはない。

第四章　理想国家とは何なのか

戦火を望んだ民衆

昭和六年から七年にかけて、町には軍歌がしきりに流れ、子供の遊びで戦争ごっこが主たるものとなり、戦地の将兵への慰問ブームは日本じゅうをまきこんで、日本人はひとしく熱に浮かされたようになった。

昭和六年十一月十日でいったん募集を締め切っていたにもかかわらず応募がその後もつづき、朝日新聞は連日慰問金応募者の名を、その金額・住所ともども発表しつづけた。十二月二日には十五万、六日には二十万円を越した。十二月十日には、応募のあまりの白熱化に紙面が足らず氏名発表の遅れたことを詫びた。それでもいっこうに鎮静せずに、十二月二十九日には三十五万円に達したのである。毎日新聞もまた十二月二十四日には十七万円に達した旨を発表した。

こうした滔々《とうとう》たる風潮にたいして石橋湛山は、孤立化するのも恐れずに、十二月五日号の社説「出征兵士の待遇——官民深く責任を知れ」で、なんとか国民的熱狂に歯止めをかけようとする。

国に一旦緩急あれば、身を鴻毛《こうもう》の軽きに比して難に赴くは、我が国軍人の意気であるとはいえ、もしそれゆえに万一にも、我が政治家や軍部当局や、また一般国民が軍隊を駆りて難に赴かしむることをはなはだ容易に考え、裏面の悲惨事は忘れてただ戦勝の快報に喝采するごとき軽薄な感情に動かさるるを常とするならば、その結果は、国家の将来にとって実に恐るべきもののあるを知らねばならぬ。

とまず「戦勝」に喝采をつづけることを戒める。つまりは戦闘をつづけることにたいする反対をそれとなく示したうえで、昭和三年の山東出兵時の社説を再掲載する。そして、湛山は力強く、満洲事変はあの山東出兵のときとは異なり、「帝国軍隊を大いに動かすに足る国家存亡の大事なりとは認め得ぬ」といい切るのである。ところが国民の意気ごみは慰問の応募にみるように、まことに盛んなものがある。それはひとまずいいとしても、よく考えれば国家の方針として軍を政府が動かすのであるから、政府は軍の給養《きゆうよう》について全責任をとるのが当然ではないか、と湛山は説く。そして、記者はそれこそ特別税を国民に課するが可なりと主張する。国民もまたこの軍を動かすことを至当の処置なりと承認する限り、ためにいかなる重税を課せらるるも厭うはずはない。国家のため身命を捧げつつある兵士に対し些末《さまつ》の慰問袋や、慰問金を拠出して、もって我が責任を尽くせりなどと考うるは、国民として実に不心得千万なると同時に、またかかる慰問品を受けて、ようやく軍の給養を補足し得べしと喜ぶ政府は全くその職責を反省せざる者と評するほかはない。

と実に痛快な重税論を展開し、さらに戦死者あるいは負傷者に想いをはせていう。

記者の見聞するところによれば、日清および日露戦役等によって生じたる戦死者の遺族および廃兵に対する我が国家の待遇は決して手厚しとはいえず、また国民全般のこれらの気の毒なる人々に対する感情もまたはなはだ冷淡なるを感ずるのである。日清役または日露役当時、国民が出征軍隊に対して捧げたる熱烈なる感謝――そは今果していずこにあるか。昔は昔今は今、国民は、国家は、三十年も四十年も前のことをいつまでも、同じ感情をもって記憶はしていられぬかもしれぬが、しかしその当時は国民から非常な激励と感謝とを受け、これに感激して戦場に労苦したる兵士から見れば、いかに今日の落莫たる。いわんや忘れ得んとしても忘れ得ざる戦傷を受けたる人々、あるいはその夫その子弟を喪《うしな》える人々においてをや。もし記者をして露骨にいわしむるならば日本国民は実にこの点において忘恩の民だと思う。日清日露の両戦役は、我が国民が口を開けば、国家の興亡を賭したる大戦役として、その戦勝を誇るところの戦争だが、その戦争による戦死者廃兵に対する待遇においてさえかくのごとし。いわんや今日においては全く国民の記憶の片隅からさえも消え去れる小戦争における戦死者、廃兵がいかに惨めなものであるかは問うまでもない。今回の満洲事変に対する国民の意気組みは、前にもいえるごとく、済南事件の際などとは著しく異なるといえども、記者はそれもまたただ一時の感情に過ぎず、我が国民はここに重ねて忘恩の罪を犯すのではないかと深く恐るる。

湛山のこの叫びも空しくこだまするだけであった。年が明けた昭和七年一月一日に、朝日は社説「昭和七年を迎う」で、満洲事変について論じ、

「思うに、これ一にわが東洋民族が共存共栄のため宿載の禍《わざわ》いを転じて永遠の福をもたらさんとする意図に発する……満蒙における軍の行動が、一にただ東洋の平和のためであることは、すでに、国際連盟もこれを承認し、世界列強もまたこれを理解する

ところ」

といささか牽強附会して、総括している。この国際世論にたいする楽観の背景には、国際連盟の理事会が、日本提案によるところの、遠方の地で机上の論ばかりしないで、「連盟は現地に調査団を派遣すべきこと」に応じたからである。理事会はこれにともなって「一切の事情についても調査し、理事会に報告するために五名から成る委員会」を任命した。六年十二月十日、日本はこれに同意したが、これは日本にとってはひとつの朗報であった。外交的な勝利をえたものといえた。なによりも時間的余裕ができるのである。

それに中国が主張する「日本軍の即時撤退」要求はただちに連盟にうけ入れられないことになったし、アメリカは、日本提案を支持し、なにやら日本の立場を援助する姿勢を示している。そして連盟は、調査団の報告があるまで満洲問題を討議することを打ちきることとしたのである。

関東軍司令部はこの時間的余裕をのがさなかった。その後のすべての行動を「匪賊《ひぞく》討伐のため」を理由として、ぐんぐん兵を進めた。七年一月三日には錦州を占領した。満洲の地から国民党政府の行政組織はまったく姿を消した。日本軍の戦闘行動はここで終わりを告げてもよかったが、さらに山海関へと進撃の歩を休めなかった。連盟が討議を中止しているいまこそ、満洲事変をみずからがたてた方針のもとに一挙に解決すべきチャンスとみてとったのである。国際世論は情勢のさらなる悪化に再び激昂しはじめた。

しかし、新聞は関東軍を支持した。一月四日の朝日は、錦州占領は「平和の天使のごとく旭日《きよくじつ》を浴びて入城」と文学的に報じ、「皇軍の威武により満洲、建設時代に入る」と手放しであった。

しかし、日本の勝手な思惑どおりに世界列強がこうした侵略的行為を傍観してくれているはずもなかった。もっとも、好意的とみられたアメリカがいっぺんに硬化した。一月八日、国務長官スチムソンは錦州占領の報に衝撃をうけ、もはや日本信ずるに足らずとばかりに厳重抗議をつきつけてきた。満洲の事態にかんしては、九カ国条約と不戦条約に違反して成立したいっさいのことを認めない、と日本に通告した。朝日は、一月九日、「不戦条約を引用して　米国、果然強硬通牒」と報じた。

事態は予想外に悪化したが、陸軍中央も関東軍も状況が悪化すればするほど、ますます既定路線を急がねばならなかった。前年の十二月十三日、若槻内閣が総辞職し犬養毅を首相とする政友会内閣が成立していたが、当の犬養首相は、関東軍が意図する〝満洲独立国〟案にかならずしも賛成していなかった。といって、犬養の考えは閣内に一致した支持をうけているわけでもない。一言でいって政府の方針はまったく不明確のままであった。そうであれば、軍部が既定の方針を押しつけるためには、いっそう時間を空費しているわけにはいかなかった。

一月上旬、錦州占領と前後して関東軍の板垣参謀が上京したのは、新陸軍大臣の荒木貞夫大将の召集によるものである。荒木は関東軍の真意を確認し、十分に協議して政策の調整をし、陸軍の総意として内閣にこれを示すつもりがあった。

板垣参謀は上京するにさいして、石原参謀らに噛んでふくめるように指示をうけ、関東軍の意図を陸軍中央に十分に徹底せしめるよう委任された。すなわち、満洲に建設する新国家は、なによりも、「明瞭に支那本部と離脱せしむるため、名実ともに独立国家と為すを要す」という方針である。

そうした場合に予想されるであろうことについては、つぎのように説明する。

「九ヶ国条約に於ても、国際連盟規約に於ても、日本が支那本部と分離せしめむとする直接行為を敢てすることは許さざるも、支那人自身が内部的に分離することは、右各条約の精神に背馳《はいち》せず。また、これらが干与し得べき限りにあらず」

よくよく知恵をしぼった方針というほかはない。これからつくる満洲国は「名実ともに独立国家と為す」のであるが、わが日本帝国がつくるのではなく、中国人自身が

「内部的に（中国本土から）分離」してつくる国家なんである（ということにすれば）、国際連盟だって列強だって文句のつけようがないではないか。

そして板垣はまた、首脳者は溥儀を充《あ》つるものとす、新国家は国際連盟からの調査団が満洲にくるまでに建設しておくこと、首都は長春、そして政府の構成などなど、満洲国建設計画についての詳細報告を陸軍中央になす任務も与えられていた。

こうして板垣の東京にあるあいだに、たび重なる討議と検討の結果、陸軍省、海軍省、外務省の三省の合意による「支那問題処理方針」がどうにか立案された。「満蒙はこれを差し当たり、支那本部政権より分離独立せる一政権の統治支配地域とし、逐次、一国家たるの形態を具有する如く誘導す」

こうして、軍内部および軍部と政府とのあいだで政策調整の努力がなされ、すべてが関東軍の思惑どおりとはいかなかったが、実を結んだ。ともかくも大方針は新国家建設であり、その方策は中国人自身の意思による分離・独立の方向へ日本が誘導することであった。こうして満洲国建国への道はより明確となっていった。

この「処理方針」が立案されるとほとんど時を同じくして、朝日にはいとも興味深い記事が掲載されている。一月十一日の「日支名士座談会」で、奉天でひらかれたという。新国家建設の方針について中国側、日本側双方からさまざまな意見が提出されているが、注目されるのはそのなかの朝日の記者の発言である。

「今までの満洲は純然たる支那のものでなかったと同時に、また純然たる日本のものでなかったということも、今度の事件を中心に解決が起こりつつあるものと思う。それでどうしても日満親善をやらなければならぬわけで、親善の極致はあるいは合体するまで行くかもしれません。……日本側が満洲自体と一体となる必要があるのみならず、日本の内地においてもすべてそういう気持ちで国論が合致しなければならない」

いったい記者は何を考えて何をいいたいのか。日本のものでも中国のものでもなかったものに「解決」がつく、というのは、日本のものになるという意識の表明であろう。とすれば「合体」とはつまり日本併合である。その方針で「国論が合致しなければならない」とは、まるで関東軍の言いぐさの先取り以外のなにものでもない。

いや、これはなにもこの新聞記者だけの考察ではなく、当時の日本人の多くが同様のことを考えていた。多くの国民が満洲事変とその後の戦火の拡大を歓迎したのは、ひとつの理由として事変の結果、満洲国ができることで国民経済もよりいっそう拡大されることを期待したからである。大恐慌下に深刻化していた国民生活の不安と不満と息苦しさとが、事変で一挙に解決された。町工場がどんどん大きくなっていく。さらに希望的観測がうまれ、それが熱狂的な軍部支援となり、関東軍の方針への全面的賛成へとなっていた。

湛山と『新報』はそうした国民の甘えの構造にも冷水をかけて、必死に訴えるのである。一月十六日号の社説「満洲景気は期待できるか」は、率直に国民の楽観を戒める。満洲経営になにか大きな期待を抱いているが、それは事変が日本の思うように落着することを前提としている。その点でさえ前途に暗雲がただよっているのが現実である。いまはかりに日本の考えているとおり「非常に有利に解決」できたとする、それでもとてもとても楽観できるようなものではない、とまず前提して論じている。

満洲経営をリードする考え方は、日本には鉄がない。石炭が乏しい、石油が不足だ。しかるに、満洲にはこれらの資源が豊富にある。日本はこれらを開発してその物資を豊富に使わねばならぬ。すなわち、自給自足の必要から、この種の工業を興さねばならぬとして、……工業的開発をするためには、まず資本が投下されねばならぬが、資本は今日利益を伴うものでなければ容易に集まらぬことは明白である。しかるに、満洲を工業的に開発するために投資して果たして引き合う算盤《そろばん》が立つかどうかは、問題が具体化した場合、しかく楽観的に観るべきではないと考える。資本は兵卒が命令一下、弾丸の中を突進して行くごとく勇敢ではあり得ない。

たとえば石炭。開発がうまくいって生産が大いに上がったとしても、市場をどこに見いだすのか。「現に、撫順《ぶじゅん》炭の内地輸入を極力喰い止めて、辛うじて内地炭坑は命脈を保っている」状態ではないか。では海外に市場を求めるか、それだってひどいダンピングをしなければ、とうてい市場を開拓できない。

したがって、よほどの条件でも付けば別問題だが、自然のままでは満洲の工業的開発に、容易に資本が集まろうとは考えられない。なかには、外国の資本家が貸してくれると期待する向きもあるようだが、世界経済今日の情態と、前述のごとき投資物件の不確実を考えると、はなはだ望み少ないといわざるを得ぬ。

満洲開発に必要な、しかして満洲景気の可能を信ぜしむべき、投資の有無がまず第一に危惧せらるる今日、漠然と満洲景気を期待することはすこぶる危険といわねばならぬ。

そして、いま世界が直面している問題から大局的に考えれば、満洲景気など夢のまた夢となると警告するのである。

要するに、いかなる考え方にせよ、今日資源を開発し、生産物だけを作ってみたところが、断じて問題の解決にはならぬ。日本および世界経済の悩みは過剰生産力を擁して捌《は》け場に困っている点にあって、決して生産力の不足ではない。満洲開発がスラスラと都合よく運んだところが、それはむしろ今日の日本および世界経済を一層困らすことを作用するとはいえようが、今日の資本主義経済を生かす足しには決して役立たないであろう。

しかし湛山と『新報』の警鐘など、景気回復の期待で高揚している日本人の胸に響くどころか、耳にすら入らなかった。生活不安から逃れたい人びと、あるいは思想的な挫折感を癒やさんとする人びと、あるいは一攫千金を夢みる人びと、あるいは理想に燃える人びと、馬賊志願の雄図を抱く人びと、右翼……それらがどしどし海を渡っていったのである。満洲は「赤い夕陽」のユートピアになっていきつつあった。

満蒙は日本人のものならず

それより少し前の七年一月八日、天皇は、上京中の関東軍参謀板垣大佐に異例の拝謁を許し、事変勃発いらいの労苦を嘉《よみ》した。さらに関東軍にたいし勅語を下賜した。

この勅語は、柳条湖事件を自衛措置と認めたばかりではなく、チチハル、錦州の攻略をも「皇軍ノ威武ヲ中外ニ宣揚セリ」として賞するものであった。それが謀略によるものとは、この時点では、天皇の耳に入っていなかったのである。

関東軍司令部は天皇の賞詞の勅語をうけ、ますます勢いこんで計画実行を推進していった。国際連盟はこれにたいし特別な措置をとろうとはしなかったが、いぜんとして監視の目だけは放さなかった。しかし、それは被害者にとっては拱手傍観の態度にしか映じない。こうした国際世論の頼むに足らぬ現実に憤慨して、中国本土の反日排日の機運はいちだんと油をそそがれて燃えあがり、抗日運動は日一日と熾烈となっていく。

とくに上海では、中国人が反日市民大会をひらいて、上海抗日救国委員会を設立し、大いに意気をあげた。また上海市商会は対日経済絶交実施委員会を組織し、徹底したボイコットを実行に移した。「日貨を買わず、売らず、運ばず、用いず」「原料および一切の物品を、日本人に供給せず」「日本円の紙幣を受けとらず、取引きせず」「日本人に雇われず」「日本人と応待せず」……という強硬手段である。

これにたいして上海在留の日本人は、大いに困却しながらも満洲進出の成功に強気となり、排日侮日の空気など一掃できるとばかりに、いままで以上に張りきって振舞った、そして上海市街のいたるところで中国人との小競り合いをくりかえしていた。軍部はそこに目をつけた。中国本土で抗日をあおることで衝突がおきれば、離れて遠き満洲どころの話ではない。結果はうまく国際世論の目を満洲からそらすことができるのではないかと。

一月十八日の夕、日本人の日蓮宗の僧天崎啓昇は、信者四人とともに寒中修行に出て、いつものように団扇《うちわ》太鼓をたたきお題目をとなえながら、午後四時すぎ、上海の中国人街の馬玉山路にさしかかった。と、「日本人だ。殺してしまえ」という叫びとともに、中国人群集の襲撃をうけた。天崎ともう一人が殺され、二名が重傷を負った。

この襲撃は戦後になって明らかにされたことであるが、実は関東軍がしかけた謀略であったのである。当時、上海駐在の日本公使館付陸軍武官補佐官であった田中隆吉少佐が、戦後にその事実をぶちまけている。それによると、この陰謀は満洲事変勃発のすぐあとにもう組みこまれていたものであった。前年の十月初旬、要請に応じて田中は上海から奉天の関東軍司令部に飛び、そこで板垣大佐に会った。そのとき板垣はこういった、という。

「日本政府が国際連盟を恐れて弱気なので、事ごとにせっかくの関東軍の計画がじゃまをされる。関東軍はこの次には、ハルビンを占領し、来年春には満洲独立まで持って行くつもりだ。……連盟がやかましくいい出すし、弱腰の政府はやきもきして、計画がやりにくいから、上海で事を起こして列国の注意をそっちへそらせて欲しい。その間に独立まで漕ぎつけたいのだ」

上海に戻った田中は、その日に備えていろいろと策を練った。そして年が明けた一月十日、板垣征四郎名義の長文の電報をうけとったのである。

「貴官におかれては上海における日支間の険悪なる情勢を利用し、上海において日支間に事を起こし世界列強の目を上海に集中させ、満洲国独立の早期実現を容易ならしむべし」

この電報といっしょに上海の正金銀行に二万円の金が送金されてきた。ところでこのとき、実は板垣は東京に滞在していたのである。ということは、陸軍中央にも謀略に加担するものがいたとも考えられる……。

田中はさらに不足分を上海で調達し、愛人でもある〝東洋のマタハリ〟川島芳子を使い、計画の実行に移した。これが一月十八日の日本人僧侶殺害事件であり、中国人に金を与えて強引にひき起こしたものであった。

それだけでなく、翌十九日夜半、この事件を待ちうけていた日本青年同志会は、会長光村芳義を先頭に会員三十余人が、犯人が隠れているからといいがかりをつけ、三友実業公司を襲って放火した。かれらは二十日午前二時半ごろそこを引き揚げたが、途中でかけつけた共同租界の中国人巡捕《じゅんぽ》と衝突し、二名を斬殺し二名に重傷を負わせ、日本側も一名が射殺され二名が傷を負う、という乱戦にまで事件を拡大させた。

すべて田中少佐の作戦どおりであり、軍資金が実に有効に働いたものということができる。「日支間の険悪なる情勢」は、衝突事件を戦闘へとエスカレートさせるに十分すぎる条件を与えていた。興奮した上海在留日本人は大会をひらき、「陸海軍を増派して、抗日運動の絶滅を期すべし」と決議、市内を示威行進した。そして市内のあちらこちらで中国人と衝突して、双方に負傷者をだした。

こうした熱狂と憎悪とで小衝突がくりかえされることで、大きな銃砲火の交換となるのはもう目にみえていた。一月二十八日、共同租界当局が上海に戒厳令を布告し、列国の上海義勇隊に動員令が発せられたその日、時計の針は二十九日午前零時すぎを指していたが、日本海軍陸戦隊が北四川路で中国の第十九路軍と激しく衝突した。上海事変のはじまりである。まさに目論見どおり、列強の目は権益を共有する上海の戦火にそそがれた(10)。

それをカムフラージュに利用するかのように、ほとんど時を同じくして、満洲では関東軍の新しい作戦が開始されていた。一月二十七日のハルビン市外での小さな衝突と中国軍の略奪事件を機とし、本庄軍司令官は兵を北部満洲に進めることを決意、ただちにハルビン攻略戦を開始したのである。

それより二日前の一月二十五日、連盟理事会がふたたび開会されたとき、日本代表団はまたしても十年一日のような空手形の演説をくり返すだけであった。

「ここに一言を要するは、わが国は満洲において領土的意図を有するものではありませぬ。また、既存の諸条約は申すにおよばず、門戸解放、機会均等の主義を尊重することは、もちろんのことであります」

国連理事国の代表団のひとりとして、もはや日本のいうことを信じるものはなかった。

上海に、北満に、戦火はますますひろがり、そのいっぽうで満洲国独立の歩みはいよいよ顕著となっていく。石橋湛山が一貫して「捨てよ」と主張する「大日本主義」が、いまや日本の進むべき本道になりつつあるのである。湛山は屈せず、萎《な》えず、飽きることなく、おのれの考えるところを声高にいいつづけた。

満洲事変は、錦州における支那軍の撤退によって、幸いにも一段落を画したかの観を呈した。我が輿論はここにおいて著しく楽観し、満洲には今にも我が国の希望に副う中央政権が確立し、万事好都合に運ぶもののごとく喜び祝った。記者はここに多大の疑問を持ち、依然深き心配を抱いて成行きを注視していたが、果然新たな事態としてハルビン方面および上海に於て、日支の軍事衝突を惹起した。ハルビン方面の事態は、ただに支那に関係あるのみならず、またロシアと面倒なる交渉を有する。上海における事態は、もとより列国環境の間に行わるるところで、理非はとにかく列国の感情を衝動せずにはおかぬ。現にそのため国際連盟理事会も、英米仏等の諸政府も大衝動を受けつつある。

と、二月六日号の社説「支那に対する正しき認識と政策」（その一）で、まず正しく日本のおかれた現況と問題点とを認識したうえで、記者はここにおいてすでにしばしば繰り返した記者の素論を重ねて繰り返す必要を感ずる。その一は、我が国民も、また軍部ないし政府当局も、満蒙に於ける我が権益ないしそこに存在する資源の価値を、あまりに高く買いかぶり、見当違いの皮算用をしているということだ。かりに満蒙における我が権益が確保せられ、同地の資源が自由に我が国人の開発に委せらるるとして、その結果我が国が占め得る利益は幾許《いくばく》であろう。

と、注意をうながした。そして年来の主張である〝中国人を侮蔑するなかれ〟をくりかえして、こういうのである。

将来満蒙が理想のごとく経済的発展を遂げたる際の情勢を想像するに、それはしょせん支那人の満蒙であって日本人の満蒙ではあり得ないと断言するに躊躇しない。というのはその際満蒙を満たす人口は（我が労働者を同地に経済的に移植し得ないという事情から判断して）当然支那人でなければならず、あるいはそのなかに朝鮮人は相当混在し得るかもしれぬが、とうてい日本本土の人間は、幾許《いくばく》も住居せざるに相違ないからだ。とすれば政治的にはいかなる形になるかしれぬが、経済的には依然たる支那人の国である。……上海を支那人の車夫の上海に化せる支那人は、満蒙が平和の住地と化するとともに、また同地を支那の労働者の、支那の商人の満洲と化そう。これは満洲に支那人の居住往来を禁ぜぬ限り必至の勢いだ。区々たる商租権の有無などは超越しておる。とすれば我が国人が、満洲ないし支那全体に対する政策もまた右必至の勢いを算盤《そろばん》に置いて割り出さねばならぬ。しからずして満洲が日本人の満洲となり得るかのごとき幻想に導かれて行動するならば、たとい百害あるも一利なく、結局馬鹿を見るは我が国民ということになるや明らかだ。

と、一歩退いたふりをしてやがてすべてを呑みこんでしまう中国人の民族性を喝破し、さらに二月十三日号の社説「支那に対する正しき認識と政策」(その二)で、湛山は訴えた。それは一言でいえば、年来の主張である満洲は事実として中国人の国土以外のなにものでもない、とくり返し、それを「日本人の満洲となりうるかのごとき幻想に導かれて行動する」のは危険このうえない、と日本人が有頂天になっている現状にはげしく批判を加えたのである。

記者のここにはなはだ懸念に耐えざるは、この頃満洲にある軍部の新人等々の中には、往々にして検討不十分な空想を恣《ほしいまま》にし、この際満蒙を一つの理想国家に仕上げんなどと、真面目に奔走せる者があると伝えらるることである。いわゆる理想国家とはどんなものか知らないが、日本の国内にさえも実現できぬ理想を、支那人の住地たる満蒙にどうしてこれを求め得ようか。

そんな「空想」を抱くというのも、満蒙が中国人の住地という正しい認識に欠けているからである。それは危険きわまる状況であると強調する。

なんとなればその空想の実現に努むる結果は（しょせん失敗に終わるは明らかだといえども）自然満蒙における政治に、日本が露骨に干渉する形をとり、いたずらに列国の猜疑心を挑発するとともに、また支那人の反感を激化すること必然だからである。

満蒙に理想国家を打ち建てんとの空想は、恐らく支那人の国民意識に満足を与えることとは背馳《はいち》する。さりとて支那人の国民意識を永久に叩きつぶすことの不可能なるはいうまでもないとすれば、右の空想がまたしょせん日本の利益とも背馳するや明らかだ。

そして軍部のともすれば武力にものをいわせる行動にたいしても、〝世界のなかの日本〟の立場から、湛山はきっぱりと論難していうのである。

　あえて誰とはいわず、我が国民中の何者かの心の中に、何やら知らん、列国の、あるいは国際連盟等の、力を甘く見くびれるものあるのではないか。もし果たしてそうとすれば、これは実に危険な兆候だ。世界戦（註＝第一次世界大戦）前のドイツは、やはり列国を甘く見過ぎてあの過失をあえてした。個人としても、国家としても、増上慢ほど恐ろしいものはない。世界の諸国は今非常な不景気で、四苦八苦の状態だから、この際東洋に何があろうと、手出しはできぬなど説く者あるに至っては沙汰の限りだ。戦争は時にあるいは不景気一掃策としても利用せられる。深く慎み、なおかつ問題が起こるならばやむをえぬ。自ら強いて事を求むるごときは、我が国古来の伝統にも反する恥ずべき所業だ。

以上のように論じてきた湛山の結論は、こうである。

第一は、同地における我が国の既得権益はこの際もちろん鞏固《きょうこ》に確保するがよろしい。それらを今後いかに利用しあるいは処分するかは後の問題だ。第二に満洲は、いわゆる保疆《ほきょう》安民の主義を確立するほか、すべての政治および経済施設は同地居住の支那人の意に任せる。すなわち絶対の自治であって、我が国からの顧問を入れるごときことも、もしそれが監視人的意味の者であるなら、避けるがよろしい。かくて我が国は最も気永く親切に支那人の国民意識に衝突せざる限りにおいて、同地の世話をし、しかして自然に同地が文明に導かれ、かつ親日化するを辛抱して待つ。家康のかつていうたという「啼《な》くまで待とうほととぎす」の態度である。急進的の理想家から見れば、なんたる馬鹿馬鹿しい気永さだと非難せらるるかもしれぬが、記者は、いかに気を急《せか》るも、結局このほかに真に満蒙を我が国民に価値あるものたらしむる妙策はないであろうと考える。

すっかり夜郎自大な国となっている日本帝国。湛山は「増上慢ほど恐ろしいものはない」という。そして満蒙は中国人の満蒙であり、「日本人の満蒙ではあり得ない」、日本人がもし満洲から利益を得んとするならば、「彼ら（満洲の中国人）が富むことによって、貿易上間接の利益を占むる」にとどまるべきだ、という年来の主張をなおもくり返し説いている。

この論のいうところはまことにもっともなことながら、その反面でこれを読むとき、いくぶんかの疑念と若干のさびしさを感ずるのは、はたしてわたくしだけであろうか。なにか満蒙にたいする日本帝国の「既得権益」を認めたかのような一行がある。そのことについては江口教授がつぎのようにいう論評に、なんとなく首肯せざるをえないようなものが感じられてくる。

「たしかに、『満洲国』建設の謳歌を競いあうジャーナリズムの奔流に投ぜられた批判の一石ではあった。しかし、その批判は、『新報』年来の根本的主張の大転換――満蒙特殊権益の放棄からその擁護へ――をともなっていたのである」

〝戦う湛山〟の後退とは思いたくはないが、たしかに全面放棄ではなく一部擁護をもらすあたり、奥歯にもののはさまったかの感が残ってしまう。時局はそれほどのっぴきならぬところまで、進みきってしまっていたということなのであろうか。

満洲国承認への道

一月二十七日、関東軍司令部は幕僚会議をひらき、新国家建設の段取りを決定した。それによると、奉天省、吉林省、黒竜江省の三つの省の主席をメンバーとする中央政務委員会を組織し、この委員会をして新国家建設にかんする調整をさせ、意見一致をみたところで中国本土からの分離・独立を宣言させる、というものであった。さらに、この委員会によって、新国家の名称、国旗、宣言、制度、人事などの問題を検討させる。なかんずく国家元首をきめさせることが大事である。あくまで関東軍は正面にはいっさい姿をみせることなく、背後でこれを指導する。これが満洲国建設の青写真というのであった。

こうして、関東軍参謀たちを中心とする人びとによる各省主席との交渉が開始された。いろいろな面倒があったが、熱心な工作が実を結んで、二月十六日に各省の主席が一堂に会する会議をひらく、というところにまで到達することができた。吉林省の熙洽《きこう》、奉天省の臧式毅《ぞうしきき》、黒竜江省主席を約束された馬占山《ばせんざん》、特別区代表張景恵《ちょうけいけい》らが、いよいよ新国家づくりの話し合いをはじめるのである。

この日から建国式典までの、興味深い経過が『文藝春秋』七年四月号に載っている。長くなるが、ひとつの記録として、大略しながら引用することにする。

「二月十六日　満蒙新国家建設がいよいよ具体的な運びを見せてきた。馬占山が馬占山氏と内地の新聞で敬称がつけられるようになった。彼氏は飛行機で奉天入りをやるというモダンぶり。臧式毅、趙欣伯《ちょうきんはく》、袁金凱《えんきんがい》・于冲漢《うちゅうかん》・煕洽等建国の大立物が、奉天商埠地内の張景恵氏邸に集まり、第一回の建国巨頭会議を開いた。午後に一同がうちそろって関東軍司令部に本庄司令官を訪問、挨拶し、夜は臧、趙両氏主催の宴会が大和ホテルで開かれた。

二月十七日　十六日の夜中から共和政体をとるか帝政をとるかを論じ、議論沸騰、ついに夜が明けてもまとまらず、同日再開して投票で決することになった。国旗がきまった。白・緑、紅、卍黄旗。馬占山氏は一寝入りするとふたたび飛行機で奉天発、チチハルに直行。新国家は立憲共和制、連省自治政体。元首は執政と呼ぶ。奉天、吉林、黒竜江の他、熱河、蒙古代表、コロンバイル代表も、独立宣言に加わること等がきまった。同時に建国までは『東北行政委員会』が生まれ、独立宣言を発することになった。

二月十八日　東北四省独立共和国建設宣言を委員長張景恵、委員臧式毅、馬占山、

熙洽、湯玉麟《とうぎょくりん》、凌陞《りょうしょう》、斉王の諸氏連名で発した。元首にはいよいよ宣統帝を戴くということに確定した」

見ようによっては、たった三日間のあっという間の中国人各省主席たちによる独立宣言である。当然、関東軍の見事なお膳立てがあったればこそ、ということがわかる。朝日は十九日「三大使命を果たし　王道の善政を布く　建国を中外に宣明」と報じた。そして十九日の社説「満蒙の独立宣言」で、

「新国家が禍根たりしがん腫を一掃し、東洋平和のため善隣たる日本の地位を確認し、共存共栄の実をあぐるに努力すべきであろうことは、いうだけ野暮であろう」

と書いた。朝日にとって、中国人のこれまでの反日排日運動、愛国運動は「がん腫」と映っていたものとみえる。

蔣介石の中国政府は猛然と怒って二十二日に抗議声明を発し、中国政府の同意しない分離・独立はありえないことを宣言した。

経過の引用をつづける。

「二月二十二日　帝政か共和かがふたたび議論となり、結局宣統帝に最後の決定を求めることとして、鄭孝胥《ていこうしょ》、羅振玉《らしんぎょく》氏等が宣統帝の代表者となって、委員会の代表者と旅順で会見協議した。宣統帝推戴と同時に苦節二十年忠節を尽した旧臣達の猟官運動

がはじまったが、鄭孝胥、羅振玉氏を除く人々は、新しい建設には障害となるので入れないことになった。長春を新国都とすることになったので、長春の町には活気がみなぎった。

二月二十四日　長春では五千名が建設デモをやって市中をねり回った。奉天でもおこなわれた。錦州をはじめ奉天省各県の代表者がぞくぞく来奉して、新国家建設促進運動をはじめた。奉天省令で長春の満鉄線を中心として半径六里（日本里）以内における土地の売買、貸借、担保、その他一切の処分を禁じた。これは長春が首都と決したので、早くも利権屋が土地買収等をおこなう恐れがあるので、この防止のためである。

二月二十七日　奉天では商総会主催の市民大会が開かれ、余興、花電車、花自動車が市内を練った。長春における満洲国各機関の建物のふりあてがきまり、執政府は擁運局を当てることになった」

さらに二十九日には、奉天で全満大会がひらかれ、宣統帝溥儀を新国家の暫定的元首に任命する決議が正式に採択された。東北行政委員会は宣統帝のもとに使者を派遣し、執政の地位につくようにとの要請をする。溥儀は一年間執政となることに同意した。

こうして満洲新国家の独立宣言のその日がくる。

「三月一日　午前十時十五分、満洲国是、対内外政策を中外に宣明した。宣言書は奉天商埠地張景恵氏公館で発表した。いよいよ溥儀氏を推戴となって、その出処を促すために、吉林、黒竜江、奉天、ハルビン、コロンバイル、哲里木盟の各長官代表六名、随員九名うちそろって旅順の附近へ向かい、一日午後某所で会見、出処をこい、改めて特使が迎えを出すことをのべた。年号は大同元年三月一日、この日から満洲新国家が成立した」

溥儀が執政に就任したのは、七年三月九日である。長春の塩務擁運局での就任式にあわせて建国式典がおこなわれた。溥儀は三千万民衆を綏撫《すいぶ》することを宣言した。式には日満の軍・官・民の主なるものが参列した。外交官の石射《いしい》猪太郎《いたろう》が式に参列したときの回想を残している。

「式場は狭く飾付も簡素で、専門学校の卒業式程度の儀式であった。式が終わると、別室でレセプションがあった。そこでシャンパンらしい酒杯を挙げて、溥儀執政万歳の音頭取りをやったのが、板垣参謀長に懐柔され、黒竜江省から引っ張り出されて軍政部総長にすえられた馬占山であった。どじょう髭をたくわえ、冴えない顔をした田舎者であった」

このかん大新聞は一貫して満洲新国家の成立をたたえ、早期承認を主張するにいたるのである。国際連盟を中心とする国際的影響などまったく眼中にはなかった。

朝日は三月二日の社説「満洲国建設の宣言」で、満洲国が関東軍の工作によって生まれた傀儡国家であるとする見方を、「これをもって日本の架空的計画にもとづき、武力の背景によって人為的に建設されたものとなすのは、皮相の観察である」とあっさり否定し、権益擁護に発した事変いらいの日本の行動が、たまたま、多年軍閥の横暴に苦しんでいた中国民衆のためになったもの、とうたいあげた。

「(日本の行動が)満蒙三千万民衆の心に潜《ひそ》められた積年の希望を実現するに資したものであることは、中外の等しくこれを諒解するところである」

三千万民衆にとっては、軍閥であろうと日本軍であろうと、たいして差はなかったのではないかという反省は、日本軍を「平和の天使」視する記者の頭には浮かんでいない。

また、同日の大阪朝日社説「『満洲国』の誕生」は、内に軍閥の悪政をのぞき、外に国際間の協調をはかり、この地に和平安楽の理想郷を見事に実現することを強くのぞんだ。そして、

「吾人は新国家の誕生が、満洲事変の偶発的副産物として、換言すれば、日本軍に栖

ついた旧軍閥の倒壊によりて偶発的に産出された事実にかんがみ、新国家とわが国との奇縁について特殊の興味を感ぜずにはいられない」

と書くが、新国家成立をほんとうに偶発的な副産物と思っていたのであろうか。満洲国と日本帝国との関係を〝奇縁〟と信じていたのであろうか。

毎日の社説「新国家を祝福す　建国の宣言出ず」（二日）はもっと手放しである。

「殊にわが国を初め諸外国にとってたのもしいことは、新国家が旧政権または支那政府と諸外国との間に締結せられた条約ないし協定の一切を継承し、全部有効に存続することを認め、同時に満洲に関する限り一切の債務債権を踏襲することを表明した点である」

として、新国家の決断をほめ、一日も速やかに承認を、と早くも訴えているかのようである。

そして三月四日の朝日は、「生命線へ花嫁　男子と手を携えて　満蒙の新天地へ」「一旗あげようと　目覚しい満蒙景気　満鉄へ問合せ殺到」と、国民の有頂天ぶりを報じつつ、景気をあおっている。

さらに建国式典を迎えての三月九日になって、新聞はさらにいっそうの気勢をあげた。毎日の社説「きょうの記念日　吾等の感激」（十日付）は、日本が大国ロシアを相手に戦ったのは、まさしく中国保全のためであった、と壮語した。その代償としての日本の権益を、中国が承認するのは「わが国に対して酬ゆべき当然の感謝」である、といまさらのようなことを揚言するのである。

朝日の社説「満洲国の建国式　日本の根本策を決定せよ」(九日付)は、「日本今日の最大急務は、新事態を認識して、それによって速《すみ》やかに根本方針を確立することである。それとともに国際的にこ塗してきた遠慮がちの態度を改め、満洲国と日本との不可分的な関係を率直に語るべき時機ではなかろうか」

と述べたが、この根本方針の確立とは、とりも直さず満洲国承認を意味していた。であるから、「承認は手続と時機の問題にすぎない」と主張し、「いつまでも新事態を前にして目をつむらんとする」態度を批判し、国際世論なにするものぞの気概を示すのである。

こうした新聞の社説に代表される日本帝国と日本人の、お祭り気分的な動き(11)を石橋湛山はどのような想いを抱いて眺めていたことか。二月に社説で「理想国家とはどんなものか知らないが、日本の国内にさえも実現できぬ理想を、支那人の住地たる満蒙にどうしてこれを求め得ようか」とリアリズムに徹して訴えた湛山は、かれの提言をすべて黙殺するこの滔々たる時代の流れにたいして、なおもペンをもって抗しようとする。しかし現実が猛烈な勢いをもち、日本国民すべて大歓迎のものであるがゆえに、ペンはおのずと苦渋にみちたものとなった。

『新報』二月二十七日号「満蒙新国家の成立と我が国民の対策」と社説で、湛山は、新国家が安民の良土となるなら「支那人のためにも日本人のためにも、はたまた世界の人類のためにも、まことに喜ぶべきことだと慶賀する」と書きながらも、それをうけて、

しかしながらこの新国家は、いうまでもなく昨年九月以来の事変の結果としてはなはだ不自然の経過によって成立したものである。一言にすれば我が軍隊の息がかかり、その保護ないし干渉によって、辛くも生れ出でたる急造の国家である。記者はかようの国家が、にわかにその独自の力にて、今後の満蒙を健全に経営し得べしとは信じ得ない。

と、大胆率直にその前途にたいする危惧を表明する。とはいえ、一記者がどう思おうとすでに満洲新国家はすでに船出してしまい、首都の長春市内は花電車や花自動車で浮かれに浮かれているのである。それを援《たす》けねばならない日本国民としては、容易

ならざる役目を背負ったことになった。

しかし善にせよ、悪にせよ、すでにここまで乗りかかった船なれば、いまさら棄て去るわけにはいかぬ。出来る限りの力を注ぎ、新政権を助け、満蒙を真に保疆安民の楽土たらしむるこそ、避け難き我が国民の責務である。

と、現実主義者である湛山は観念せざるをえなかった。しかし不屈の男湛山は決してここですべてを諦めたり捨てたりはしない。それならばその責務をはたすために日本国民は何ができるか、何をすべきか。そのことを衷心より憂えて考えるのである。

湛山はここで四つの提言をあげた。

その第一は、日本軍の全面的撤退である。これは、わが日本軍の権威のため、満蒙新国家とわが国の親善のため、列強に疑惑の念を抱かしめないために、絶対に必要だ、とかれは声を大にする。

我が国軍は、申すまでもなく陛下の赤子を徴募して、我が国家の防衛のため組織せる尊き軍隊であって、これをいかに特別の関係にある満蒙のためといえども、いやしくも外国の国防に使役するごときことは断じて許されざるところである。のみならず満蒙国民といえども、その国防を日本軍隊が負担しくれるといえば、難有《ありがた》きがごとくなれども、しかしその国内の処々に外国軍隊が駐屯することを、もとより心より喜ぶはずはない。結局は彼我の間に面白からぬ感情を激発するに至るべきは想像に難くない。また列国が、さらぬだに満蒙新国家の成立をもって、我が国の領土的野心に出ずと疑えるところに、永く我軍隊を満蒙に止むれば、いよいよこの疑惑を裏書きする結果となり、啻《ただ》に我が国が外交的に不利の立場に陥るのみならず、満蒙新国家の国際的関係にもまたはなはだしき支障を来すであろう。

事変が関東軍の謀略によってひきおこされ、その結果としての満洲国建国がまた関東軍の工作によるものと、湛山は承知しての言でもあったろうか。とにかく軍をその地から撤退させることを第一義と訴える。堂々の決意ともいえるし、あっぱれな度胸ともいえる。

日本軍が撤退するかわりに、新国家は当然のことながら警察あるいは軍隊を組織せねばならないであろう。その場合には、陽になり蔭になり十分の助力をする必要もあろう。そのために日本人として心得べきことが、第二の提言である。すなわち助力・

援助は強制的であってはならないと。

なぜなら、として湛山は、大正四年の「対華二十一カ条」のときのことを回想していうのである。あの「二十一カ条」こそはとりかえしのつかぬ日本の対中国外交の失敗であった、と改めてきめつけて、かれは説く。「二十一カ条」には政治・財政・軍事などの顧問、教官を押売りし、あるいは警察官庁に日本人の割込みを強要し、また一定数量の兵器の供給を日本から仰げ、などなどを中国民衆に強要するつまらぬ個条がたくさん存在していた。

こういうことを、最後通牒を叩き付けて強制し、対手がこれを承諾したからが何になろう。論より証拠、我が国はこの二十一カ条によって、ただ支那国民の頑強なる排日熱を煽り、彼らを挙《こぞ》って我が国に背《そむ》かしめたこと以外、遂に何物も獲らなかった(支那人が近年国辱記念日として大騒ぎする五月七日は二十一カ条のため日本が最後通牒を支那に発したる日であって、五月九日はそを支那が承諾したる日である)。我が国民は深くこの歴史を省みる要がある。満蒙新国家は、今は我が国の力によって成立したのであるから、表面はもとより我が国に楯を突こうわけはない。しかし人はやはり支那人だ。あまりに我が国の干渉が激しく、彼らの自治を尊重せざれば、いつかはまた必ず我が国に反抗しよう。

第三、満洲新国家にたいしては「一にも親切、二にも親切、三にも親切」をもって助力せよ、と提議する。

我が国の支那通といわるる人の間には、あるいは支那人は他人の親切を仇で返す忘恩の民なりと非難する者がある。通の言であれば、あるいはそれが真当かもしれぬが、しかし記者はそれと同時にまた一体我が国人中、果たしてどれだけ支那国民に親切を尽くしたる者ありやとも尋ねなければならぬ。

これまでの日本は中国人留学生にたいしどんな待遇をしたか。中国に渡った日本人教師がいかなる意気と熱心さとで教育に従事したか、また日本人の軍事顧問はどんな態度で中国人と接したか。ほとんど親切心などなきにひとしかったではないか。これでどうして日本が中国人から親しみや信頼をもって迎えられようか。

満蒙新国家に対しても同様だ。実をいうと、我が国には、まだ後進国に伝うべき独立の文明は存しない（すべての学術が外国語を通さずして学び得ざるはその証拠だ）。したがってただ文明を吸収するだけなら、満蒙は日本に頼る必要はない。これを補うものはただ親切の力である。

湛山には、日本帝国が世界五大強国の一であるとか、文明国であるとか、アジアの盟主であるとか、およそうぬぼれのぼせた国家観のなかったことが知られる。

第四には、記者は満蒙に大いに資本を輸出すべしと提議する。新聞によるにあるいは満蒙に大いに人を輸出する計画あるやに伝えるが、もし真当なら、それは恐らく失敗だ。その理由はすでに先般記者は論じた。これに反して資本は満蒙の開拓にはぜひとも必要の資料であって、新国家成功の一重点はここにある。しかして同時にこれは、我が国にも利益を齎《もたら》す。けだしその手始めは、道路鉄道用水路等の建設のための資本の供給だ。満蒙に我が経済的地盤を築かんとせば、この用意を欠いてはならぬ。

すでにふれたように、残念ながら湛山は「満洲国」の成立を前提し、この四つの提言もその存在を容認しての上のものであった。しかしながら、たとえそうであっても、よくぞいってのけている、と感服してよい。なぜなら、その後の満洲国の進展は、湛山の提議を完全黙殺というよりも、その正反対の方向へと動いていったことを物語るからである。これは皮肉でいっているのではなく、それほど湛山の切論《せつろん》は昭和という横暴きわまる時代の流れに抗するものであったことをいいたいのである。

たとえば満洲国軍はたしかに整備された。だいぶのちのことになるが、昭和九年に帝政が実施され満洲帝国になったとき、皇帝の名によって軍人勅諭が渙発《かんぱつ》され、皇帝による軍旗の親授、観兵式・観艦式も行われ、満洲国軍は八万三千人の将兵を擁するまでになった。兵器も昭和十年までにおよそ七割が日本陸軍の三八式歩兵銃に統一された。

しかし、満洲国皇帝に軍隊指揮権すなわち統帥権はなかったのである。建て前はともかく、統帥権はつねに満洲国の軍政部大臣に委任され、軍政部大臣は軍政部最高顧問（日本軍人）の指揮を仰がねばならなかった。そして最高顧問は関東軍司令官とつねに密接な連絡をとり、統帥と最高軍事政策とを決定していた。皇帝はここでもまた傀儡《かいらい》であった。溥儀は天皇のように「股肱《ここう》」とたのむ軍隊をもたなかったのである。

また、のちにふれるが、建国半年後の昭和七年九月十五日、日本は満洲国を承認し日満議定書が調印せられた。このとき本庄繁大将のあとをうけて、武藤信義大将が関東軍司令官になったが、同時に満洲国特命全権大使とともに関東庁長官も兼ねることになった。このとき板垣、石原は去り、かれらが構想した「協和」「自治」そして「財閥入るべからず」はたちまちにゆらいでしまった。このときから陸軍中央と直結した新しい満洲国指導がはじまった。外交畑もこれに応じて動いた。関東軍の行動にきびしい批判をつづけていた奉天総領事林久治郎、次席領事森島守人、吉林の石射猪太郎領事がつぎつぎに更迭された。

満洲国との間に安全保障のための駐留協定が成立したが、それはすさまじい内容のものであった。また、二千人の政府職員の四分の一が日本人。しかも中枢の国務院二百五十三人のうち百三十人が日本人で、外交・軍政・財務など主要中国人部長のもとに日本人次長が実権をにぎれるように配置されていた。

議定書の調印にのぞんだ国務院総理鄭孝胥は、感涙のあまりに声をつまらせたといわれているが、その実、屈辱にうちのめされた鄭は、その後しばらくは家にこもったまま姿をみせなかった。

これが湛山が憂慮しつつ、かくならぬようと訴えた満洲国の、その後の現実であったのである。(12)

こうして関東軍はもとより陸軍中央、政府そして新聞、それ以上に日本国民が念願し熱望していた満洲における権益の維持と拡張は、とにもかくにも成就した。柳条湖事件勃発して半年にして、突然アジア大陸の一角に新国家が誕生したということは、世界的驚異といえばいえた。大戦略家石原がただひとつ譲ったのが、領有にあらずして次善の独立国の建設であったとはいえ、傀儡国家満洲国の成立はその政策プログラムの完成であったことに間違いはない。

しかし三月十二日、南京の国民政府は、満洲国を「日本人の手に操られているカイライ政権で、日本政府の付属機関にして反乱機関である」ときめつけ、「絶対に認めない」と宣言を発した。当然のことであったであろう。

そしてそれからの日本帝国は、この関東軍が残してくれた巨大な既成事実を前にして、これまでとはまったく異質ともいうべき国策の再検討をもあわせて行わねばならなくなった。国内政治そして外交政策はいや応なしに大転換をせまられたのである。そのひとつ、外交においてはまさして満洲国承認をめぐっての国際世論との格闘となったのである。

(10) 上海事変にさいしては、海軍中央から新聞社へ記事についての差止めがいくつも通告されている。当時の言論の不自由さを理解するために、どんなものか、参考のために書いておく。
「本日発令さるべき艦隊ならびに陸戦隊の派遣については、上海到着まで新聞紙に掲載せざること」(一月二十六日)
「連合艦隊ならびに事変に関係ある海軍艦船の行動に関する記事は掲載せざること」(二月一日)
さらに二月二十二日になると、広範な差止め事項が発令されている。
「海軍関係の左記各事項中、当局発表以外の一切の事項。
1　連合艦隊ならびに関係ある海軍艦船の行動に関する事項。
2　連合艦隊ならびに長江(揚子江)方面にある海軍艦船および部隊の将来の企図計画に関する事項。
3　海軍の補欠召集に関する事項。
4　事変に関連する船舶徴傭に関する事項。
5　海軍工廠および民間会社等における事変関係作業増加の状況ならびに工事の種類等に関する事項」
これを要するに、事変の内容や海軍の動きについては何も書くな、と命令されたに等しいのである。勢い勇ましい張り扇の、手柄話的な記事が新聞に満載されるようになる。にもかかわらず、これら軍事上の事項を掲載して発禁に処せられた新聞は、二月中だけでも百八十七もあったという。勇み足の場合も多々あったであろうが、ときには新聞も真剣に事実を伝えようと頑張ることもあったのであろうと、公正を期するために付言しておく。

(11)『西園寺公と政局』第二巻に面白いことが書かれている。

「その後、ますますリットン報告書に対する新聞の論調が強く、就中《なかんずく》、『朝日新聞』の如きは、閣議でも閣僚達がその内容についてすこぶる憤慨したというような意味を大きな活字で発表していたので、総理に電話をかけて事の実否をただしたところ、『いや、全然ない。あれは新聞が勝手に書いたのであって、ああいうことはちっともなかった』との返事だった。それから、大体論調が強すぎるし、無責任な記事を載せているが如きは面白くない、というような話を電話でしていた」

新聞は明らかに独走しているのである。そして国民はそれを信じていくのである。

(12)昭和七年八月号の『文藝春秋』に、いまになって読んでもびっくりするような記事が掲載されている。ある意味では、よくぞ発禁にならなかったものよ、と驚嘆せざるをえない内容をふくんでいる。筆者は石浜知行という評論家である。

満洲国は「日本の新聞だけを見ていると、施政緒につき始めただの、治安全く整っただのという方向の宣伝ばかりが盛んに行われている」。しかし、最近満蒙を視察して帰った全権大使の田中都吉氏が、東京帝国大学で行った講演「満洲国を如何に見るか」によると、実態はまるで違ったものであった。この講演は六月二十日号の「帝国大学新聞」に掲載され、「満洲事変は、国家資本主義理想実現を目標に行ったものだが、その指導精神は不統一不明瞭である」と書き出されている、として、石浜はこう論じているのである。

「この通りだとすると、満洲事変は明らかに日本資本主義が起したものだ。正義の実現だの、共存共栄だの、搾取なき楽園だの、といったところでその目標は、日本資本主義理想実現だったのだ」

田中も石浜も、事を起こした軍人たちが国家資本主義を目標にとは考えられないから見当違いのところもあるようであるが、思い切ったことをいったものである。よくもこのまま通ったと思われないでもないが、肝心なのは、このあとの石浜の意外ともいえる事実の暴露にある。田中によると、「治安も事変前に比し非常な乱れ方で、満洲としては未曾有の事、馬賊というが、これは満洲固有の一つの制度ともいえるもので、簡単に討伐出来るものではない」という。「これは又どうしたことだ。毎日、新聞で宣伝されることは、およそ正反対ではないか」と、石浜は驚きつつ鋭く批判している。

さらに田中の報告を石浜は引用する。「むしろ鉄・石炭以外の資源甚だ乏しい」と。これもまた、満洲は日本の生命線にして資源の宝庫と思っている人びとには、ショッキングな内容の文章であったであろう。事実、石油が皆無であることに、軍部はがっかりしていたのである。

こうした満洲国の実態は決して当時の大新聞にはでなかったのである。満洲にいた特派員たちは、本社に本当のことは報告せず、空宣伝だけを送っていたのか。それとも本社は知っていながらボツにして、創作記事を掲載していたのか。つまりは、発禁を恐れて事実を隠す、いや、このような報告は流言蜚語の一種とみなしていたのであろう。

第五章　天下を順《したが》わしむる道

リットン調査団の来日

前年の十二月十日に国際連盟の理事会が決定した満洲の現状を調査するための委員会が日本についたのは昭和七年二月二十九日のことである。イギリスのビクター・リットン卿を団長とするいわゆるリットン調査団（ほかに米・独・仏・伊の委員で構成）である。

だれの手もかりず、満洲問題の処理に自力であたろうとする気運の高まっていた日本国内は、一行の到着を複雑微妙な気分で迎えた。軍部は激しい敵意をもった。その一部は、一行にコレラ菌をつけた果物を差しだして、ひそかに一行を病気にして殺そうという恐るべき謀略を実行したものもあったという。結果は失敗に終わったからよかったが、それが実現したら、ということを考えるとき、当時の軍部がいかに国際政治を無視して狂気に走っていたか、非文明的であったかが想像されて、背筋に冷たいものが走る。

また、こんな話も残されている。調査団到着の数日前に、駐日イギリス大使が外務次官有田二郎を訪ねてこういった、という。

「一行が日本へくれば、暴力団がけっ起して、リットン卿をはじめ主なものを暗殺するとか、また内田良平というような国粋主義的な連中が満洲国承認問題について国民大会を催すとかいうようなうわさもあり、だいぶ危険な空気がみなぎっているようだが、大丈夫だろうか」

これによっても殺気だっていた国内の雰囲気がよくわかる。こうした極端な熱気にあおられて、多くの日本人はそこまでいかないにしても、悪意の冷淡さをもって調査団を迎えたことは事実なのである。

大阪朝日は三月八日付の社説「連盟調査委員を迎う」でこう虫のいいことを訴えた。

「吾人は調査委員が十日間の日本滞在によって、よく日本および日本人を理解し、やがて渡支の後において現実に即して比較考量され、これによって日本の支那における行動を公正に判断し、悪宣伝などに迷わされることなく、もって権威ある調査報告書を作成されんことを衷心から希望するものである」

一部をのぞいてジャーナリズムは、この朝日の論説に代表されるような、なんとか調査団をとおして日本国民の平和意思を伝え、よい報告を期待しようではないか、という姿勢をとった。

石橋湛山は、このときもっと積極的であった。三月五日、「日支衝突の世界的意味」と題する書簡を執筆し、『新報』に載せるとともに、その内容を英訳して三月七日に調査団一行に手渡した。この書簡のなかで、リットン卿は調査団を代表して、日中両国が永久的平和協定を結べるよう援助することが目的と声明したが、国際連盟や列強が満洲事変および上海事変を「日支両国間だけに限られたる問題」として考え、これからその方針で取り扱うだけであるなら、それでは事変は解決しない、と湛山はいいきった。

なぜなら、満洲事変および上海事変の根源は、「日支両国のみにとどまらざる世界的一大問題に発している」からである。日中間の紛争を和解へ導くためには、その一大問題を解決することが先行条件でなければならない。では、その世界的一大問題とは何か。「偏狭なる国民主義あるいは帝国主義の激化」がそれである。

日本はふるく明治二十七、八年の日清戦争以前から、その国民経済の存立には、支那大陸にある足場を持つの必要を感じた。しかしてその感じは、日露戦争を経ていよいよ強化し、近来においては、満蒙に日本の特殊権益確立せずば日本は滅亡のほかなしとさえ極論する者を生じた。これに対してはもとより日本国内にも異論はある。現に記者のごときは、その異論を久しく唱えた一人である。記者は、日本の経済が満蒙に特殊権益なくば存立せずなどとは信じない。しかしいかに異論は存するも、国民多数の感情が大陸侵出を望める大勢は阻止し難い。しかるに日本のこの国民主義的ないし帝国主義的感情の亢《こう》進に対して支那国民、殊にその新教育を受けたる政治家および青年の間にもまた近年著しく同様の感情が亢進してきた。日本は、その国民主義的ないし帝国主義的感情から大陸に侵出せんとし、支那国民はまた同様の感情から、日本の侵出を阻止し排斥せんとする。衝突はここにいやでも起らざるを得ない。しかしてその衝突は、比較的近き事例をとりても、大正四年の二十一カ条問題以来、隠現《いんげん》の間に絶えず繰り返されていたのである。今回の満洲事変および上海事件は、ただその衝突がやや露骨に、兵火の形をとって爆発したというに過ぎない。

しかも、この国家的エゴイズムの激化が二十世紀の世界の実情というものである。したがって日中間の問題を根本的に解決しようというならば、日本の、あるいは中国の、国民主義（ナショナリズム）ないし帝国主義的感情を撲滅するほかはない。しかし、これは実際上不可能である。なぜなら国民主義ないし帝国主義なるものは、ひとり日本だけ、あるいは中国だけの所有物ではなく、世界列国の、ことに強国の、ひとしく所有する思想感情であり政策であるからである。

こうして湛山は、現代世界がかかえる最大の問題である帝国主義——国家の無制限な拡張への国権的性向にたいして、忌憚なき筆鋒をもってせまるのである。

第一に、米英ら大国は広大な領土を縄張りとし、他国民の自由な往来居住を禁止しているではないか。第二に、さらにひどいことに列国がたがいに高い関税障壁を設け、他国の商品の輸入を防ぎ、外国貿易から国際分業の機能を奪いつつある。その列強の行為は、つまり、

人類のために与えられたる地球の上を勝手に分割して、自己の所有なりと僭称《せんしょう》するのみならず、他国の住民の労力が間接に彼らの領土内に働きかくることさえも拒絶している。


ということではないか、と湛山は遠慮会釈なく列強に闘いを挑む。

第三に、世界の通貨制度が今日のような混乱状態に陥らしめたのは、遠く一九一九

年（大正八）の利己的な米国の金輸出解禁に発し、近くは米仏両国が金吸収にでたためであることは、疑いのない事実である。

彼らはかようにして、日本の満蒙侵出どころの程度でない、恐るべき侵略主義、帝国主義、国民主義により全世界の平和を攪《かく》乱しつつあるのである。日本が世界のこの現状に刺戟せられて、いわゆる自己防衛のために、せめては満蒙に経済的立場を作らんと急《あせ》るも決して無理でないではないか。列強は口を開けば支那の門戸開放をいう。これも誠に可笑《おか》しな話だ。もし、支那の門戸開放が世界人類のために善き事なれば、なぜ彼らはまたインドの、濠州の、フィリピンの、南米の、その他彼らの本国とすべての領土の門戸開放をせぬのであるか。支那の門戸開放とは、つまり支那に対する列国の侵略に機会均等を与えるということにほかならぬ。記者は、かかる馬鹿馬鹿しき帝国主義、見えすいた利己主義を、互いに根本から棄てぬ限り、かりに当面の日支紛争は一時鎮定し得たとて、いつかはまた必ず再燃するほかないと考える。しかして世界はさらに第二の大戦を繰り返すに至るであろう。

湛山の明治人らしい愛国心がここには隠すところなく表現されている。世界列強の政治的かつ経済的ナショナリズムまたは帝国主義をきびしく批判し、後進国の日本帝国のおかれた立場への同情と理解とを喚起している。日本が行った満洲侵略を、「日本が世界のこの現状（侵略主義、帝国主義、国民主義）に刺戟せられて」いわゆる「自己防衛のため」だと弁解したことは、かりに道理であるとしても、その一面で湛山の信念たる「小日本主義」の放棄ともみられなくもないところがある。しかし、このとき湛山がリットン調査団に訴えたいことは、そうした弁解ではなく、もっと深いところにあった。それを証するのは、湛山が最後に強調したつぎの一文にあろうか。

記者は前にもいえるごとく、日本が従来支那に対してとれる政策を是認する者ではない。けれどもその理由は、ただ、日本が列国の尻馬に乗りて、自己もまた帝国主義的政策をとることを不利益なりと信ずるが故である。支那調査委員は、願わくは世界の真の平和のため、これに着眼せんことを希望する。

日本帝国は欧米列強に追随して帝国主義的な政策を信奉し実行しているのではない。資源なき一小島国が、世界列強の帝国主義に伍していくいわば自存自衛のために、やむなくとっている手段なのである、それを決して是認するものではないが……と湛山の苦衷がにじみでている。

五・一五事件の本質

リットン調査団は、四カ月にわたって日本、中国そして満洲に滞在し、指導者と会い、広範囲の資料の収集につとめた。

それを横目で見ながら、日本国内には、建国した満洲国を国際連盟の微妙な動きとは関係なしに、早期承認すべきか否かの論議でゆれつづけていた。(13) 国際連盟の各国ならびにアメリカはすでに、連盟規約・九カ国条約・不戦条約と、いくつもの国際条約に違反して出現したことは、いかなるものをも承認しない方針を表明していた。リットン調査団がはたして調査結果として、満洲国を条約違反の国家とみなすかどうか、まことに微妙なところでもある。そのときに、日本が満洲国を法的に承認することは、少なくとも「中国の主権と領土保全の尊重」をきめた九カ国条約にははっきりと違反する。つまりは世界の大勢に挑戦し、日本だけが独自の道を勇往邁進することとの意志表明をすることにほかならなかった。

ときの犬養毅内閣は、満洲国の法的承認をできるかぎりひきのばす方針をとった。

三月十八日に満洲国にたいし、新国家成立の通告をたしかに受けとった、という返事をだすにとどまったし、それより前の十五日には閣議では、

「新国家にたいしては帝国としては差し当り国際公法上の承認を与えることなく、でき得べき範囲において適当なる方法をもって各般の援助を与え、もって漸次独立国家たるの実質的要件を具備するよう誘導し、将来国家的承認の機運を促するに努むることに決定したり」

と極秘裏に、新満洲国にたいする政策を決定した。政府は、リットン調査団を迎えて、さしあたり列強との正面衝突をさけ小康状態をうまく利用しようとしたのである。つまり、この間隙をぬって軍部にたいするコントロールを回復しようとはかったのである。

しかし、新聞はそんな政府の弱腰を認めようとはしなかった。軍部の強硬論に同調してぐんぐんと早期承認論を鼓吹することで、世論を引っぱっていった(14)。毎日新聞は三月二十九、三十日の両日にわたって連盟脱退論を展開し、国民の熱狂に油をそそいだ。二十九日の社説「連盟脱退論(上)三月十一日の決議」は、満洲国の否認と日本の行動への規約適用の強化をねらった国際連盟の三月十一日の決議にたいし、まっこうから歯をむいて批判した。

「道徳的最高機関（である）連盟の決定は、それがたとえ法理的に疑義があり、また事実上失当であっても、それは即ち世界の声として尊重を強いられるのであろう。……結局、わが国は連盟の意志に従わざる国家であるという罪名を付せられるに至るのである」

と、日本帝国の正義が踏みにじられるばかりであると、被害者意識でかたまった論説をくりひろげる。

そして、翌三十日の社説「連盟脱退論（下）大道を直往するのみ」はそれをうけて、まことに思いきったことを揚言した。

「試みに増殖力旺盛にして、内に発展力充実せる民族があるとせよ。この民族が一方に広漠たる大領土を有して人口稀薄に苦しめる国家より抑えられ、狭小の地域に過群《かぐん》生活を強いられねばならぬことは、それが人類世界の真理といえるだろうか」

としたうえで、地球上の現在の領土はなんら確定的なものではない、連盟がこの不均衡を正したときにはじめて世界の戦争は終息しうる、と論断する。しかし、それには連盟は無力すぎ、そのため日本がひとり悪者となっている、すなわち、

「わが国が連盟参加国たるがゆえに、不当の決議をつきつけられ、よし空疎であるとしても、文字の上において規約違反国として指弾さるるごとき形勢があるとすれば、

わが国がこれより脱退することもまたやむを得ないのである」

石橋湛山が正々堂々の論をもって、世界の帝国主義を論難し、日本の国民主義ないし帝国主義を反省し、その理解を求めたのと違い、毎日の社説は〝遅れてきた帝国主義者〟としての卑屈さにみちみちたものであった。卑屈さというよりそれを裏返しての、傷つけられた自尊心の発揚といいかえたほうがいいか。そこからくる怒りを刺激的な表現で、民衆に強く訴えた。それがまた、大受けに受けたのである。正義を行いながら袋叩きにあおうとしている理不尽さには、日本国民の多くが我慢できないでいた。といって、正直なところ世界世論に頭があがらない劣等感から解放されていたわけではない。確たる自信をもてない国民は、外にたいしてはむやみに敏感に反応し、内にたいしては不平不満、そして革新への期待をいよいよつのらせていった。

犬養内閣は、その国民の不満をいっそうかきたて悪化させるような政策を、つぎからつぎへととっていく内閣であった。新満洲国が約束する莫大な利益に背を向け、列強および中国にたいして妥協的な態度をとろうとしている。世界各国の反日感情を恐れるあまり国家的利益を守ろうともしていない。犬養内閣の政策はそのように国民の眼に映った。折からの不景気のためもあり、政府にたいして国民は次第にあいそをつかしはじめていった。犬養首相と軍部との対立は、こうして日一日と強まった。内閣の政策と国民感情の対決は、それによっていっそうあおられた。犬養は恐れず軍部の抑制をいろいろと策した。政界には犬養内閣〝自滅〟の声が高まり、ひそかに宮廷関係者のあいだで次期首班についての下馬評がささやかれだしていた。

このような状況下で、首相官邸で夕食中の犬養首相が海軍の青年士官らによって「問答無用」と射殺され、牧野伸顕内大臣官邸、警視庁、政友会本部などに手榴弾が投げこまれるという大事件がおこった。五・一五事件である。

前坂俊之氏が書くように、この事件は政党政治の息の根を止めたばかりではなく、「言論の上に暴力が君臨する〝恐怖時代〟の幕開けとなった」のである。それはまた満洲事変いらい「排外熱、軍国熱を熱狂的にあおり、政府の満蒙政策の弱腰を責め、軍部の独走を支持した結果のあまりにも重いツケ」がマスコミにまわってきたともいえる。

事件の直後の各紙の論評をみると、たしかにその感を深くする。東京朝日は犯人にたいする「弾圧」を要求するが、「その純情は諒する」といい、全面的批判にふみきっていない。毎日もまた「テロリズムをもって、社会全般の廓清《かくせい》が短時日にできると考えれば、それはあまりに単純である」としながら、「動機の純なる」ことを評価する言も残し、論調は一貫していない。

なかで、もっともきびしく弾劾したといわれている大阪朝日の社説「帝都大不穏事件　憂うべき現下の世相」（十六日付）をあげておく。

「言語道断、その乱暴狂態は、わが固有の道徳律に照らしても、また軍律に照らしても、立憲治下における極重悪行為と断じなければならぬ。……海陸軍の軍籍に身を置くものが、政治上の目的をもって暴力団体的の直接行動に出ずるは、いずれの点より観ても弁護の余地なき言語道断の振舞いといわねばならぬ。たとえその動機において、あるいは一図に今の世を慨し、今の政党に愛想をつかし、今の財閥に憤ったからだといっても、立憲政治の今日、これを革新すべきの途は合法的に存在する。短慮にも暴力革命を起こすべく直接行動に出ずることは、その手段において断じて許すべきでない」

しかし、この激越の論すらも読みようによっては、きびしく論難しつつも、それは「その手段において」つまり方法論において非難したものであり、その動機を論じそれを幾分か諒と評価した点がまったくないわけではない。のちに犯人にたいする減刑嘆願の要求を許す結果となる遠因が、すでにここにみられるのである。

新聞の〝条件付き〟の批判は微妙な働きを世の中にもたらした。事件に対する軍部および民間右翼らを力づけたのである。陸軍大臣荒木貞夫大将は談話の形式で発表さ

れた声明でこういった。まず遵法の精神で処断すべしとしながら、その動機の純粋さを強調し、

「これら純真なる青年がかくの如き挙措に出でたその心情について考えてみれば涙なきを得ない。名誉のためとか利欲のためとか、または売国的行為ではない。真にこれが皇国のためになると信じてやったことである。故に本件を処理する上に単に小乗的な観念を以て事務的に片づけるようなことをしてはならない」

また海軍大臣大角岑生《みねお》大将もいった。

「何が彼ら純情の青年をしてこの誤りをなすに至らしめたかを考えるとき、粛然として三思すべきである」

こうして青年士官たちの純潔性・志士的気概が世の人の同情をよぶという奇妙なことになった。世は不景気のためもあり、天皇と憂国の名においてなされる世直しに、国民の共感が思いもかけずよびおこされたのである。

作家の杉森久英がこのころの日本人について書いている（『昭和史見たまま』）。

「全体としてみれば、右翼や革新的軍人を、それほど嫌悪していなかったといえるのではなかろうか。当時の日本人の大部分は、重臣や財閥や政党政治家に対して漠然とした疑惑と不信を抱いており（それはもともと新聞、雑誌の否定的論調に誘導された

ものといえようが）彼等にある種の〝天誅〟が下ることを望んでいた。……ひとつには、当時は満洲事変、上海事変と軍事行動が続き、一般国民の軍人に寄せる期待と信頼が高まってきつつあるときだったから、彼等の〝蹶起《けっき》〟にも比較的好意が寄せられていた。彼等は決して、時流に逆行して、孤独の戦いを戦っていたわけではなかった」

五・一五事件のもつ恐るべきといっていい重要性はここにもあったのである。朝日が二十一日の社説で「軍に対する国民の信頼を少しでも裏切らざらん」ために「秋霜の威烈を示し」厳罰をと求めても、もう間に合わなかった。

折から、石橋湛山を主筆とする『東洋経済新報』は五月二十一日号をもって一五〇〇号に当たっていた。その記念号で、五・一五事件にかんする社説「国難転回策」をのせ、同誌は独自の所論をくりひろげているのである。そこには大新聞にあるような、やや腰の引けたような矛盾した論旨はまったくみられなかった。

帝国の軍人が私に団を作り、白昼帝都の諸所を襲撃して爆弾を投じ、ピストルを放ち、あまつさえ首相官邸に乱入して、首相を射殺せりという事件は、啻《ただ》に我が国において、未曾有なるのみならず、世界においてもまた、少なくも近代の文明国家

において は、未聞の変象《へんしょう》であろう。陸軍当局は、これら兇行者中に不幸にも士官学校在学生十一名を算せることを発表するに当たり、海軍よりの同様の発表には見ない「帝国国内の現状に憤激し」云々の文字を用いている。しかし彼らの心情のいかんにかかわらず、その誤れる行動は、実に我が国民の歴史に拭うべからざる汚点を印したるものといわねばならぬ。そもそも何が彼らを駆ってかかる行動に出でしめたか、けだしその一つは、彼ら個々人の思慮教養の浅薄なりしにあろう。何《いず》せ《れに》よ、士官学校在学生といえば、中学を卒業してようやく三、四年の者である。純情はあるも、純智はとうてい期待し得ない。そのほかの一味加担の者も、多く彼らと違わざる若干の者のごとくだ。深き思慮教養の欠けたるはいうまでもない。

さらには、かれら青年士官たちが「歴史に拭うべからざる汚点」となる「誤れる行動」をとったのは、第一に日本に言論の自由がないからである、と胸のすくようなことを敢然としていってのけている。なにが真実かにかんする今日でいう情報不足が無知を生んだというのである。

記者はその第一の原因として、毎々説くごとく、我が国における言論の自由の欠如を挙げねばならぬ。けだし言論の自由は、一面において、しからずんば鬱積すべき社会の不満を排せつせしめ、その爆発を防ぐ唯一の安全弁なるとともに、他面においてはまた社会の最も強力なる教育手段だ。しかしてその教育手段としての効果には二面ある。一は、社会の不満を抱く者が、自由なる言論、したがって拘束せられざる討論の盛行によりて、自己の思慮教育の足らざるを悟り、その思想を拡大深化する機会を与えらるることである。他は、社会の不満の対象となるところの者が、自由なる言論によりて批評攻撃せらるるがために、これまた自己を反省し、その行動を改むるに至ることである。かくて言論の自由は、社会の秩序を保ちつつ、しかも絶えず社会の改造進化を可能ならしむる。

ところが、その言論の自由が与えられていないため、共産主義といい、ファシズムといい、一知半解の〝怪物〟が跳梁《ちょうりょう》している。それらが自由に論議され、その内実が明らかにされるなら、むしろ取り締まって言論を封ずるよりよほどいい結果がでる。なぜなら、

それらの主張が有する神秘的宗教的魅力は消散し、むしろ平凡なる言説に化する

であろう。あるいはそれらの中に善く人心を感動せしむる長所があるとすれば、昔儒教や仏教が渡来してしかりしがごとく、共産主義も、ファッショもまた日本化し、なんら危険の思想ではなくなるであろう。以上は思想についてであるが、そのほか我が国においては外交についても、軍事についても、重要なこととしていえば、ほとんどことごとく言論の自由が封ぜられている。ために世の中にどれほど誤れる知識を散布し、偏狭なる思想を養成し、また社会の改造進歩を阻めるか計り難い。思慮浅き血気の青年が往々にして埒《らち》を外れた行動に出ずるゆえんあるかなといわねばならぬ。

以下、第二に政治・経済・教育そのほかあらゆる部門の指導者の無能化、第三に誤れる政策による極端な不景気にその原因があると、この社説は主張する。いってしまえば、それらは当然の論であった。この社説の颯爽《さっそう》たるところは一にかかって、このときに言論の自由の尊さを説いたところにあるであろう。

事件にかんして内務省は十五日、新聞紙法により、「事実を捏造《ねつぞう》鼓張し、人心を不安ならしむるが如き記事」を掲載禁止にし、「日本国民に檄す」とした檄ビラの内容掲載を禁止した。さらに十六日、

「一、犯人の身分、氏名等その素性
一、事件が軍部に関係ありとし、国軍の基礎に影響あるが如き事項
一、本事件発生の原因並に今後再び起ることありを予見するが如き事項」
これらはすべて掲載不可と、各マスコミ（新聞・雑誌）に示達した。ただし、通達前に発行された新聞が禁止事項を掲載していても、これは不問に付するとしていたが、言論にたいする取り締まりは強化されるいっぽうとなっていった。

ただし言論の自由にたいする弾圧的風潮は、内務省だけがつくっていたのではないようなのである。『文藝春秋』六月号に「新聞紙匿名月評」として面白い記事が載っている。新聞人の陸軍にたいする態度を暴露したもので、匿名ゆえになかなか辛辣である。

「最近のことだが、××が大朝の高原総務を呼びつけたところ、高原氏は扉をあけるなりあやまったそうである。同じように喚問された東朝の美土路《みどろ》総務は、『朝日新聞の方針は××には絶対反対です』と一応きっぱりとやってのけ、××首脳部が色をなして、キット反り身になったところで、『しかし事ここに到った以上、事態を善処するために××を支持いたします』と殴っておいて持ち上げたので××では、『あいつは悪党――注××にとってはの意――だけあって、高原に比べてさすが豪《えら》い』と賞め

ている そうである」

念のため書くが、高原とは高原操《みさお》、美土路は美土路昌一《ますいち》、××は陸軍と入ればいい。また『文藝春秋』は当時毎月二十日発売であったから、「最近のことだが」の〝最近〟とは五・一五事件以前ということになろう。単なる噂であったとしても、いくらかはこのようなことが行われ、新聞社のトップは事件前からすでに陸軍中央と話し合っていたということであろう。そのときに言論の自由を高く標榜することの意味がいかに大きいか、もって察せられるのではないか(15)。

湛山の危惧

五・一五事件で犬養内閣が倒れたあと、五月二十六日に、元海軍大将斎藤実が内閣を組織し、親任式が行われた。その役割は、五・一五事件以後のすさんだ人心の鎮撫《ちんぶ》にあった。斎藤は国内的には〝非常時〟と〝挙国一致〟のほかに「自力更生」の旗印をかかげ、その任を地道にはたそうとした。しかし対外的には急を要する課題として、満洲国の承認問題があった。犬養内閣は承認を頑強に保留する政策をとったが、それが内閣の生命を縮める結果を招いた。その上に斎藤内閣に課せられているのは、内ばかりではなく外のきびしい情勢もあり、いつまでも保留のままというわけにはいかなかった。

このかんにもリットン調査団の活発な活動はつづけられていた。日本、中国ならびに満洲に滞在し、指導者と会見し、十分すぎる資料の収集にあたった。その「報告書」がどう書かれるのかなおはっきりしなかった。が、いくつもの国際条約に違反して出現したいかなる新事態も承認しない方針を、国際連盟がとっている以上、その内容が日本に有利なものになるであろうと推察するものはほとんどいなかった。

このときに方針を明確にしない斎藤内閣のあり方に、業を煮やした関東軍は六月八日、政府に満洲国の即時承認を要求し、陸軍中央もその声に和した。この圧力に加え、世論もまた満洲国を一日も早く承認することを強く求めはじめた。その先頭には、またしても新聞が立った。

毎日新聞は六月一日の社説「満洲国への援助　承認が先決問題」でいち早く推力をまわしはじめていた。

「直ちに新国家援助の効果的実行手段として、まず新国家を承認し、相互の国家意志によって、事業の遂行に当たるべきことを主張するものである」

と大上段から結論づけ、「外国との交渉に介意せざる決心」を国民に求め、国際的に孤立することを恐れぬ強い意志を示した。

朝日新聞もただちに追随して、六月十五日の社説「満洲国承認の意義」で、

「満洲を政治的経りん(綸)と活動の舞台に移すことが根本的急務として待望される。その意味において、満洲国承認が必要でもあれば、また当面の急務でもある」

との認識をもって、内閣に満洲国承認を断行するよう求めるのであった。

こうして、新聞に尻を叩かれて勇みたったかのように、六月十四日には、政友会・民政党両党による満洲国即時承認決議「政府は速やかに満洲国を承認すべし」が、衆議院本会議で満場一致をもって可決された。

しかし、なお斎藤内閣は土俵際でねばりぬいた。日本が満洲国を承認することは国際連盟の動きに挑戦し、列強との正面衝突となることが明瞭であったからである。せっかくの政府の頑張りも、しかし、七月六日に斎藤首相が兼任していた外相の椅子に満鉄総裁の内田康哉がついたとたんに、怪しい雲行きを呈しはじめた。

内田は、外相になるのがこんどで三度目の外交界の長老であった。第一次世界大戦後の〝国際協調外交〟の立役者としてつとに知られていた。斎藤首相が乞うて外相に就任してもらった理由もそこにあったが、この老外交官が満鉄総裁就任いらい、関東軍べったりのロボットに変わっていることに、斎藤は気づかなかった。それでも、内

田は就任にさいして、「好んで諸外国の利益に反するが如き行動を取ることは断じてない」の殊勝な表明をした。それと裏腹に、七月十二日、四カ月ぶりに日本に戻ってきたリットン調査団を迎え、リットン委員長と会談したとき、早くも新外相は、日本は満洲国を正式に承認する意向であることを明らかにして、リットンをあぜんとさせた。

そして、リットン委員長が「前外相吉沢謙吉は、日本の利益が擁護されるかぎり、満洲にどんな政府が存在しようと日本は大なる関心をもたない、といっていたが……」と指摘すると、新外相はぬけぬけといったという。

「それはまだ満洲国が成立以前の発言であり、たしかに成立した現実の事実を前にしては事情はまったく変わった。それに、満洲国の承認は九カ国条約に抵触するものにあらず、と考える」

こうリットンに言明した内田は、さらに七月十四日、天皇に拝謁したさいに満洲国を正式承認する方針であることを報告するのであった。

これには驚くべき事実が裏側に隠されていた。満洲を視察旅行中のリットン調査団のひとりであるヤング博士夫人が、日本へ向かうべく奉天に立ち寄ったさい、駅に十六個もの荷物をあずけた。これ幸いと私服憲兵がこの荷物をひそかにあけ、リットン委員長の報告草案を写真にうつした、というのである（児島襄『天皇』第二巻）。その内容は、日本が九カ国条約に違反して中国領土である満洲を武力占領し、傀儡《かいらい》政権を樹立した、日本の主張には法的正当性は認められない、という結論をだしていた。

陸軍中央は、この報告をうけ、調査団と国際連盟にたいしていっそうの不信と憤慨の念を高めた。そのためもあって、陸相荒木貞夫大将もリットンと会談したときに、外相以上の高言をもって相手をびっくりさせている。満洲国承認が帝国議会で満場一致で決議されたのも、「日本人がその本来の使命と理想とに更生した総意の表れにほかならない。……いまや日本帝国と満洲国とは密接離るべからざる関係にある」と。

この当たるべからざる勢いを新聞で読んだ国民が、承認がどんな影響を今後にもたらすかも考えず、満洲国承認を既定の事実のごとくにみなすのは、もう当然すぎることであった。この熱狂ぶりを前にして、『文藝春秋』八月号で、蠟山政道がにがにがしげに書いている。「立憲的独裁への動向」と意味深長なタイトルで、十分な検討をへずに満洲国承認を急ぐ動きを批判したのである。

「満洲国の承認問題が国内問題として既に一種の既成事実となっていることは、新聞紙の論調や去る臨時議会の決議から見ても疑うべからざるところである。……権威ある新聞紙までが聊《いささ》かヒステリックな論調を帯びていることは、我が国家のためになららない」

世論がいかに過激になっていたかが、わかる話である。

このときの石橋湛山と『東洋経済新報』は、となると、残念この上ないことに、いつもの歯に衣を着せぬ批判を忘れたかのように、音無しの構えをとっている。それは増田弘教授が説くように、「湛山に欠けていたのが国際法上の視点であった」とみるのが正しいのかもしれない。つまり、「多くの国際法学者が柳条湖事件と日本軍の行動、あるいはそれ以後の日本の行為に対して、連盟規約、九カ国条約および不戦条約に依拠する現行の国際法秩序に違反」(増田教授)するかどうかをめぐって、さまざまな論を立てていたのに反して、湛山には「不戦条約」や「九カ国条約」といった視点がほとんどなかった。というよりも、湛山の考える「満洲放棄論」からすれば、柳条湖事変いらいの日本の行為は国際法違反を問う以前の問題であったのかもしれない。

七月十九日にリットン調査団は日本を離れた。政府はもう少し滞日し、報告書を東京で書かれてはどうか、と要請したが、リットンの返事はにべもなかった。そうときまれば、わが道を独往独歩するのみと、満洲国承認は既成事実視する世論にのって、陸軍は鼻息をいっそう強くし、外相内田康哉はいよいよ調子をあげてきた。八月二十五日の衆議院本会議で、満蒙強硬論者のひとりである政友会の森恪の質問に答える形で、外相は強い調子でぶちあげた。

「満蒙の事件というものは、わが帝国にとっては、いわゆる自衛権の発動に基づくものであります。それゆえに天下にたいして何らはずるところない、わが行動はまことに公明正大なものであるという自信をもっているのであります。……わが行動の公正にして適法であるということは、これは何人も争わないところであろうと思う。いわんやわが国民はただいま森君のいわれました通りに、この問題のためにはいわゆる挙国一致、国を焦土にしてもこの主張を徹することにおいては一歩も譲らないという決心をもっているといわねばならぬ」

なれ合い演説のはずなのに、このいわゆる〝焦土外交〟論にはさすがの森もびっくりして、あわてて念を押した。

「国を焦土にするような結末をもつにあらざれば、その目的を達することができないというような、左様な事態を惹起させないように、事前において国民の目的とするところの手を講ずるところに、外交の妙用があるのでありまして……」

森の牽制も、もうこの段におよんでは効果なきにひとしかった。日本の満洲国承認は国土が〝焦土〟となろうとも断行すべき、公然たる国家の方針となったのである。翌八月二十六日の朝日新聞の社説「首相外相の演説」で、内田外相の悲壮な決意を援護射撃した。満蒙の事態を安定させ、「東洋の恒久的平和を招来するためには」満洲国が健全な発展をすることにある、と説き、さらには、「いかなる結論も現実の事実を無視するを得ないのである」と既成事実を重要視せよと主張した。

「リットン委員会をしてなおこの誤認と邪推とをのぞくことを得ないとすれば、日本は東洋の恒久的平和のため、もはやその信念によって動くほかはないのである」

こうして日本政府は九月十五日、満洲国を法的承認に踏みきった。リットン報告書が発表される前に、その〝信念によって〟既成事実の上に居座ったのである。新京執政府において武藤信義全権大使と鄭孝胥国務総理が日満議定書に調印した。議定書は、これまでの日中間の条約、協定などによる日本側の「一切ノ権利利益ヲ確認尊重スベシ」とし、「両国共同シテ国家ノ防衛ニ当」たり「日本国軍ハ満洲国内に駐屯スルモノトス」とする二カ条を柱とするものであった。昭和開幕いらい中国政府にみとめさせようとして果たせなかった貴重な二カ条の調印であったのである。

朝日は「日満の歴史的調印終わる　敢然満洲国承認！」、毎日は「画期的式典　世界史上に輝く　日満議定書調印」と、それぞれがこれを寿《ことほ》いだ。また、その社説では、「多年東亜の平和を脅威する癌腫と認められた満洲問題が、満洲国の成立によって一挙に根本的に解決さるるに至り、東亜の和平のために新たなる希望が生まれ、保障の

礎石が置かれるまでに至ったことは、真に大成功といわねばならぬ」（朝日、九月十六日付）

と評価し、

「他国軍隊の駐屯は……多くの場合、反感嫉視の機因となるもの」であるが、議定書で共同して治安維持に当たることを約しているから、「満洲国主権の侵犯でないことは明らかである」（毎日、同十六日付）

と強面《こわおもて》の論を展開し、さらには中国の抗議にたいしては「身から出た錆《さび》悟らぬ支那」（九月十七日付）と相手にしようともしなかった。

こうした新情勢の進展に直面して、湛山はもはや無言ではいられなかった。九月二十四日号の誌上に「満洲国承認に際して我が官民に警告す」を載せて、新国家にたいして日本人はどうあるべきかについて、強い願望をこめて論じた。かくなった以上は満洲国をあくまで独立国と確認し、日本人は無用な干渉や厚かましき注文などするなということ、一言でいえばよけいな手を出すな、と強く主張したのである。

湛山は書く。日満統制経済確立の基本方針として、政府および民間有力者のあいだでほぼ一致していることとして、

「一、日満経済を完全なる一単位のブロックに造成すること

二、満洲国を原始工業国とし日本を精製工業国とすること
三、満洲国は日本に原料を供給し日本は満洲に製品を供給すること
四、したがって両国の企業は重複衝突を避け一経済単位として計算すること
五、実際問題としてこれが完成には国家権力の発動を必要とすること」

と新聞が報じているが、とんでもないことである。日本人が本気でそんなことを考えているなら、満洲国はいたずらに失望の対象となるほかはない。なぜなら、

かの国を「原始工業国」とし、我が国を「精製工業国」とすること、かの国は原料を供給し、我が国は製品を供給すること、両国の企業は重複衝突を避くること、等々の規定を日本の官民が勝手に行いたるにせよ、果たしてかの国の国民が自国の発展をその埒《らち》内に閉じ込めらるることに満足するであろうか。

そこで、この無理な要望をなんとかしようとすれば、「国家権力の発動を必要とすること」になってくる。しかし、その発動によってもたらされるものは、つぎの三つの重大事ということになる。

第一には我が国の国際的立場の悪化が起こり、第二には満洲国国民の反日運動を激成し、第三には我が国自身の経済を損傷する危険が醸成される。なかんずく、我が国軍の駐屯のごときはこの弊害を最も強く醸《かも》し出す危険があり、記者の疾《はや》くより絶対に反対し来ったところである。

「日本軍の撤退」はたしかに湛山の年来の主張であった。その主張をこのときもくり返して、新聞によってリードされる世論を逆撫《さかな》でするように反対の意をかれは表明した。この警告を無視するなら、として湛山はこう予見するのであった。

『外国との紛争』、『ロシアとの戦争』、『匪賊《ひぞく》討伐』、それらの不安は、日本の官民が日満ブロック経済の幻想を捨てぬ限り、どこまでも存続する。そうしてそれは常に為替の激動を招来して無用の損傷をわが財界に与える。国内の政治不安、ファッショとかなんとか煩わしき問題もそこから発生する。記者は真に計画的にして効果あるインフレーションを行うためにも――そしてこのことは現在の財界にとりて絶対に必要なことであるが――満洲国に対する政治的干渉を絶対に中止せよといわざるを得ない。

このあとの昭和史は、湛山の危惧がそのまま実現する方向に進んだことは、ここに改めて書くまでもないであろう。国際協調の空洞化も、日本国内の政治的不安も、極端な軍事国家化も、すべて満洲国をめぐって発生した。

強硬論をリードした大新聞

昭和七年十月二日、リットン報告の内容がジュネーブ、南京、東京の三カ所で同時に公表された。朝日新聞は十月三日、「報告書要領」の全文を二ページにわたって掲載し、「全編随所に日本の　容認し得ざる記述　我が対満策を終始否定す」と見出しをつけた。報告のそれぞれの章につけられた見出しを追うと、「満洲事変の近因は支那の排外政策」「満洲は支那の完全なる一部」「『特殊地位』なる語は諒解し難し」というふうに、日本の主張を否定する論述がつづき、一九三一年九月十八日に開始された関東軍の行動は、関東軍の将兵がどう考えていたにせよ「自衛手段と認むるを得ず」と認定した。

新聞には載せられていなかったが、リットン報告書のそのくだりの全文を示すと、

「日中両軍の間に緊張気分の存在したことは疑う余地はない。日本軍は中国軍との間に、敵対行為の起こり得べきことを予想して、慎重に準備した計画をもっていて、これを十八日夜―十九日に迅速かつ正確に実施した。中国軍は張学良の訓令にもとづき、日本軍に攻撃を加え、またはとくに右の時および場所において、日本人の生命あるいは財産を危険ならしむるがごとき計画はなかった。かれらは日本軍にたいし、連携ある、または命令をうけたる攻撃をしたのではなく、日本軍の攻撃およびその後の行動に狼狽したのである。九月十八日午後十時より十時半の間に、鉄道線路もしくはその付近において爆発のあったのは疑いなきも、鉄道にたいする損傷は、もしあったとしても、長春より南行列車の定刻到着を妨げない程度であって、それのみをもって軍事行動を正当化することはできぬ。日本軍の軍事行動は、正当なる自衛手段と認むることはできない。もっとも日本軍将兵が、自衛のため行動しつつあったであろうという仮説は、これを排除するものではない」

これが報告書の示す「柳条湖事件」の認定なのである。この観察は、いま考えれば不当とはいえないが、当時のすねに傷をもつものとしてはこれにたいしては罵倒と全否定があるのみであったのである。

さらには、その後の満洲国の成立への動きは「はなはだしく政治的色彩をもつ」ものであり、中国人の「自然的かつ純真なる独立運動」によって生まれたとは考えられない、とリットン報告書は全面的に否定した。その建設を可能ならしめたのは、もっぱら「日本軍の存在と、文官および武官からなる日本人の活動」の二大要因に負うものである、とした。

それゆえに、「満洲を自治体とし日本軍の撤退を勧告」「特別行政機関設立のため、日支満の諮問会議と日支交渉会議を開け」と提唱したのである。要するに、この報告内容は、これまでの日本の主張を認めず、まっこうから挑戦するものにほかならなかった。もっとも最後の見出しにみられる提唱は、東三省（満洲）を日本を中心とする列強の共同管理下におこうとするもので、日本の満洲における権益を若干ではあるが認めようとする妥協的結論であった。世界各国はなんとかして、その結果として予想される日本の国際連盟脱退の意思をなだめようとしていたのである。しかし、それはまた中国側からみれば、大いに不満とするところであったであろうが。

日本の新聞は、待っていたとばかりに、例外なくヒステリカルに反発した。朝日新聞の社説「錯覚、曲弁、認識不足——発表された調査団報告書」（十月三日付）は、中国中央政府に一般条約、外交、税などの大幅な権利が保留されているのに、東三省の「広はんなる自治」をいうのは「驚くべき錯覚」であり、特別憲兵隊の組織を提案し、すべての軍隊の撤退を求めるのは、「果たして満洲の事態を解するものの言なりや、吾人は唖然《あぜん》として、いうところを知らない」。つまり「撤兵論に終始する連盟理論であって、自ら称するところの『現実を無視するもの』の誤りに陥ったものである」とし、空想的にすぎないとはねのけた。

さらに翌四日の社説「再び調査団報告につきて」で、よりはげしく拒絶反応を示した。報告書は日本の満洲における「特殊地位」を否定したが、リットン委員長の本国イギリスがスエズ運河やエジプトにもつ「特殊地位」はどうなのか、アメリカがパナマ運河やニカラグアにおいて「日本以上の要求を持しているのを、何と弁解するのか」と、噛みついた。また、自衛権の行使であることを否認された点についても、「吾人はほとんど失笑せねばならぬ」と日本人にひとしく笑いとばすことをうながし、「調査団にあるまじき乱暴な言辞を弄し、不必要に日本側をぶざん中傷せるところ、吾人はその連盟派遣の委員会よりも学良の宣伝係と化したることを思わねばならぬのである」

と、調査団が張学良の広報係であると思うようにと、国民にすすめるのである。

毎日新聞の社説「夢を説く報告書　誇大妄想も甚だし」(十月三日付)も、その表題そのままに全否定の非難を展開した。リットン報告書は「実に臆断も甚だしいもの」

で、「心身羽化してすでにユートピアの内にいるとしか思えない」ものと判定した。徳富蘇峰の「日日だより」(四日付)もこの問題をとりあげた。「これしきの報告ならば、仰山に大名行列をなし、欧米の歴々をすぐり立て、現地に臨み、半個年以上を費」やしてつくる必要はない。ロンドンでもワシントンでも、ジュネーブでも「二、三の新聞記者の手を借らば、あるいはより以上の」報告がでたであろう、と冷笑した。アジアの問題は欧米人にはわからない、このうえは「国論の統一と、国務の恒久的邁《まい》往《おう》」あるのみであり、

「いやしくも我が日本国民が一団となりて、その自ら信ずるところを遂行せば、世界何者か能《よ》くこれを禦《ふせ》がんや」

と、国民あげての精神的奮起をうながした。

また、掛川トミ子教授の論文によれば、十月三日付の報知新聞となると、もっと激越に、かつ下品な言葉で誹謗したという。すなわち、調査団が張学良から「多額の金品を収受」し、「酒池肉林の饗応」をうけ、「色眼鏡をもって満洲問題を見」た結果が、こんどの報告書であるというのである。ここまでくると、当時のジャーナリズムが「怒りと憤りと失望」のあまり常軌を逸した状態になっていた、と評するほかなくなってくる。

しかし、事実は新聞ばかりを笑えぬ状況になりつつあったのである。というのは、雑誌もまた、おもむろにではあるが反対意見を弱める方向を示しはじめていた。それというのも、日本の〝正義〟が国際的に批判されたことにたいする焦慮やいらだちが、全員一致的なナショナルな感情をうみだそうとしていたと考えられる。

『中央公論』十一月号の巻頭言「リットン報告書」では、冷静さを失わないまでも強硬論的な態度をもろに示した。報告書が「我が国の在来の方針ないし声明と正面衝突するもの」であり、「まさか戦争になるとは思わぬが、連盟脱退の余儀なきに至らぬとは予想しがたく」と連盟脱退を心配しはじめた。しかも「国際協調を完《まっと》うしたいという希望は山々」なれど、「協調を急いで我が当然の主張を少しでも譲歩する必要はない」というに至るのである。

『改造』十一月号の巻頭言「リットン報告と満洲」も、「リットン氏の調査報告はかくあるべしと思ったことを、たいてい想像のごとく報告したにとどまる」と冷たく突き放している。

『文藝春秋』もまた、リットン報告にたいする批判の姿勢を強めだした。十一月号「大学教授のリットン報告検討座談会」で、それまで満洲問題にたいし穏健論を吐いてきた神川彦松までが、日本軍の行動は自衛権の行使にあらずというが、「調査団の無思慮の行為、越権行為ではないかと思うんです」と発言。さらに「わずかに二、三十年間に漢民族が移住したために、民族的に変わってきたということは考えなければならんが、古い歴史から考えて満洲というものを支那の一部とは私考えておりません」といいきった。

蘇峰がいうように、国論は統一の方向をとりはじめた。満洲事変↓満洲国建国↓日本の承認↓リットン報告拒否という、一直線の論理は、そのまま国際連盟脱退という必然の道をとることになっていく。もちろん、国際協調を重視する人びとの根強い反対論はあった。天皇そのひともまた脱退には反対の意思を明らかにしている。しかし、強硬な世論の後押しをえた軍部や外務省や政友会や民間右翼の大声の前に、ジャーナリズムは声をひそめていかざるをえなくなった。いまや国連脱退の政策はごく自然にできあがった「全員一致の国民意志の表現」（ジャパン・クロニクル紙）と、日本人のだれもが思うようになったのである。十月十一日、政府はかつて「満蒙は日本の生命線」を獅子吼した松岡洋右を、特命全権に任命し、ジュネーブで日本の立場をきちんと主張することにした。

この大津波のような世論の圧倒的な勢いのなかで、石橋湛山は最後の努力を傾けた。それはこの年の二月の社説「支那に対する正しき認識と政策」で論じたことを、もう一度ねばり強く高唱することで、日本の高揚した世論を冷まそうとするのである。二月の社説では、国民の心の中に、列国あるいは国際連盟の力をあまく見くびっている気持がある。それは危険な兆候だ、かつてのドイツは列国をあまく見すぎて大きな過失を犯した、と湛山は訴えた。いままた、かれは声をふりしぼって「国民よ驕《おご》るなかれ」と叫ぶのであった。

十月二十九日号の社説「天下を順《したが》わしむる道」がそれで、湛山の戦いの孤高性と熱気を知るためにも、少し長く引用することにしたい。

国際連盟および米国は、満洲国問題をいかに取り扱うか。目下伝えらるる大体の形勢は、まず日本に有利である……ということになっている。いい換えれば彼らは、前年以来満洲において日本のなし来ったところ、しかして現になしつつあるところを没義道《もぎどう》に否定するような態度はとらない。しかして日本との衝突を避けつつ、適当にこの問題を処理しようというのである。いわゆるリットン報告書の起草委員長リットン卿が、先にロンドンのローヤル・インスチチュート・フォア・フォーレン・アッフェアズにおいて演説し、今日の問題はいかにして日本を満洲から撤退せしむるかではなく、いかなる条件の下に日本を満洲に留まらしむるかであると述べ

たというは、単なる一例に過ぎない。……（略）

しかしたといいかようにして我が国の満洲国に対する主張は一応これを認めらるるとも、それは列国が決して喜んで応ずるものでないことを、我が国民は深く知らねばならない。世界の日本に対する前年以来の批評は、我が国には十分伝わっていない。内外時事の報道を使命とする新聞――しかしてある場合にはその使命をあまりに多く果たし過ぐるに閉口させさえもする我が国の新聞――も不思議に日本に対する前年以来の世界の悪評だけは報道を避けているかに見ゆる。したがって我が国民は、この点について、あるいは事実以上に楽観せしめられ、油断せしめられているかと考える。これは実ははなはだ危険だ。幸いに満洲国の問題が、一応我が国の主張に従って落着するとも、我が国の行動は、引き続いて世界の全体から監視せられる。しかしてもしも我が国の行動にして誤って何者かに乗ぜらるる機会を作らば、我が国民はせっかく掌中の玉と愛《め》でたる満洲国を失うばかりか、あるいはいかなる禍いに見舞われぬとも限らない。全く危うい一本橋を渡るがごとき状態にある。しかしてこの危うい一本橋をよく渡り抜け、我が国の主張どおり、満洲国を東洋の楽土たらしめ、我人《われひと》ともにその慶福を分かち得るかどうかは、一に今後の我が国民の覚悟と行動とにかかっているのである。

しからば我が国民は、いかなる覚悟をなし、行動を取るべきか。これについて軍人方面の説を徴すれば、すぐに武力を持ち出すかもしれぬ。あるいは軍人のみでない。我が国の案外多くの人々は武力の信者であるらしい。我が武力が強くさえあれば、世界の何者が何といおうと、恐るるに及ばない。満洲の天地のごとき、もとより微動だもせしむるものでないと。私はこの武力万能主義ともいうべき思想に対しては、かの有名な孟子の言「天の時は地の利に如《し》かず、地の利は人の和に如かず」を思い起こす。……（略）

思うに今列国が満洲に対する日本の主張を承認するとせば、それは大部分日本の武力の影響であるといえよう。昭和六年九月以来の満洲問題の発展は、確かに軍の力によった。しかしかような武力の発揮は、決して永久に続けらるべきものではない。……（略）

いやしくも満洲国を守り育てて、ここに東洋永遠の平和の礎《いしずえ》を作らんとする我が国は、寸時も速やかに武力万能主義の謬想を打ち破って、孟子のいわゆる「天下これに順《したが》う」方法を講ぜねばならぬ。これけだし私の改めて説法するまでもなく、我が識者の等しく承認する原理であろうと考える。ただ問題は、その天下を順わしむる具体策いかんということだ。

私の思うに、その第一は、満洲国はどこまでも満洲国民の利益のためにその成育を助くべく、日本の利益のためにこれを利用することを考えてはならぬということだ。この勧告に対しては、あるいはいう人があるかもしれぬ。しからば何の必要があって、我が国は満洲国のためにかくまでの犠牲を払うかと。申すまでもなく、それは日本の利益のために違いない。私は、ここで我欲を、見えすいた偽善のオブラートで包んだごとき言葉は使いたくない。しかし私の信ずるところでは、日本の利益は、満洲国を初めから日本の利益のために利用する心掛けでは、絶対に計り得ない。それでは日満両国の関係は滑らかなるを得ず、また満洲国の発達と、その発達からのみ生じ得る我が国の利益とは、とうていこれを期待し難いからである。

思うに我が国が満洲国から利益を受け得る状態は、同国の治安が保たれ、産業が発育し、同国民の生活が豊かになる場合のほかにはあり得ない。日本人の移民が幾《いく》許《ばく》満洲に植え付けられたとて、高は知れている。それで我が国の人口問題などのしょせん解決せらるるものでなきことは、自国の領土たる朝鮮台湾等の統治の実績から考えても明らかである。またしばしば日満経済統制などいうて、満洲国の産業を強いて日本に好都合に指導し得るかに空想する者もあるが、さようのこともけだし無効無益の努力だ。満洲国の産業は、満洲国の立場から、最も有利な方向に発達せしむるがよい。それが満洲国を最も多く富まし、しかして自然にまた日本を最も多く利益する状態である。あるいはしかる場合には、満洲の産業が、日本の産業を圧迫しはせぬかと取越し苦労をする者もあるが、その心配は、我が国自身強いて満洲にさようの情勢を作り出さぬ限り、けだし無用だ。また万一満洲がそこまで発達する力を持つ場合には、いかに我が国がこれを抑えんとしたところが、とうてい抑え切れるものではない。我が産業は、それ以上に出でて、自己の進展を計画するほかはない。

以上を一言にすれば、我が国は、満洲から眼前性急な小利を求むることをやめて、まず満洲人の利益をはかり、彼らに満足を与え、しかして間接に大いなる利益を獲得することを心掛くべしというのである。重ねて孟子の言を引くに、『天油然《ゆうぜん》として雲を作し、沛然《はいぜん》として雨を下せば、則ち苗渤然《ぼつぜん》として之に興る。其《そ》れ是の如くなれば、孰《いず》れか能く之を禦《ふせ》がん』だ。我が国はまず満洲に油然として雲を作し、沛然として雨を下さなければならぬ。しかしてこの政策のみが、いわゆる天下を順《したが》わしむる方法である。私は断言する。もし我が国にしてこの方法に違《たが》い、眼前の小利に齷齪《あくせく》せば、必ず悔ゆるも及ばぬ失敗を演ずるであろうと。しかして我が対満洲政策が結局以上の大策のほかに存せずと確認すれば、ここに我が国の対連盟策にもおのずから余裕を生じ、問題の解決を一層有利に転回することもできるであろう。

ほとんど全文を引くような形になったが、湛山は言外にリットン報告の提唱する「軍隊の撤退」を主張しているのである。当面する問題を解決し、日本の孤立化を防ぎ世界との協調を回復するには、これ以外に方途はないと湛山は説くのである。

しかし、日本の世論は、湛山の主張にもはや聞く耳をもたなくなっていた。満洲国をめぐる軍部や新聞の強硬意見を支持するものばかりがふえ、冷静さを求める意見は弱まるいっぽうであった。日本の行動にたいする列国の正式の非難が高まるにつれて、これを「国難到来」の危機としてとらえ、社会全体の熱狂と興奮は、必要とあらば戦争も辞さないという声とともに、高まるばかりなのである。

国際連盟理事会は、十一月二十一日からリットン報告書を審議することを決定した。日本代表からの猶予期間の要請もあり、ここまでのばしにのばしてきたのであるが、そのかんにもジュネーブでの空気は日本が有罪とみる見方が一般的になっていた。十一月十五日の朝日新聞は、その動向をキャッチし、「満洲国承認を前提に連盟対策を練る『売られる喧嘩なら買う』パリの我が代表部会議」と報じ、松岡洋右を全権とする代表部の覚悟のほどを、さながら売られた喧嘩のはじまるのを期待するかのように報じていた。

いよいよ理事会がひらかれる直前の十八日、「リットン報告書の認識不足を訂正し、連盟の審議を正しく導くことを目的とする帝国政府の意見書」（朝日、十一月十九日付）を、ジュネーブの土田書記官より国連事務総長ドラモントに手交した。理事会がいよいよひらかれると、各国がこの意見書をめぐって強硬論をとるもの、宥和《ゆうわ》政策をよしとするものに分かれて、混乱状態になった。そのさまを、「日本の強硬態度を徹底的に反撃す　ワシントン・ポスト紙その他」「国務省の軽挙を戒む　ニューヨーク・ヘラルド紙」「賛否両論相半ばす　英国有力各紙の論調」と朝日新聞は二十二日付で報じている。

理事会の議論は、各国それぞれの思惑もあり、揺れ動いた。その結果、論議を総会に移すべきだとの声が強まった。朝日新聞の社説「連盟理事会の昏迷」（十一月二十四日付）は、リットン報告書審議を日本の政策に真っ向から反対する小国の多い総会に移すことに反対し、毎日新聞社説「理事会の進行　どう動くか」（十一月二十五日付）も「小国の無頓着なる空理空論に油を注《そそ》ぐもの」として、やはり反対を表明した。

しかし理事会は中国代表の頑強な主張もあり、問題審議の総会移行を二十八日には満場一致で可決した。日本の松岡全権は棄権した。

臨時総会は十二月六日に開会された。

翌七日の毎日新聞は、「小国代表咆《ほ》える　盛んに日本に毒づく」と総会の模様を報じ、また朝日新聞も「果然日本に攻撃集中」と伝えた。それは新聞の報じるとおりであった。六日の演説にはまず中国代表が立ち、リットン報告書を引用し、満洲国が自発的独立運動により生まれたものではない、と声を大にして訴え、

「臨時総会は日本が連盟規約、パリ条約（註＝不戦条約）、九カ国条約を侵犯したることを宣言すべきである」

などの四項目の声明の採択を求めた。つぎに立った松岡代表がそのひとつひとつに反駁し、日本の正義を訴え、満洲における日本軍の行動はやむをえなかったものであることを釈明し、理解を求めた。そして、

「もしもリットン報告が認められるようなことになれば、日本は連盟から脱退するほかはない」

と言明し、一種のおどしをかけた。日本政府も松岡も、国連は利害の一致しない大国と小国とで構成されているゆえ、日本をして国連脱退の挙にでるのをとどめるため、大国は日本の立場に同情的な態度をとることであろう、と判断していた。日本の満洲における地位は変更できない、そして日本は連盟から脱退すべきではない、日本の外

交方針はこの二つの前提を守りぬくつもりであった。

しかし、予想どおりに大国はともかく、日本の立場をよろしく理解しようとする国は少なかった。アイルランド、チェコスロバキア、スウェーデン、ノルウェーの各代表がつづいて立ち、日本を非難し、リットン報告書の採択、満洲国不承認を主張する演説が総会場に大きくこだまするばかりであった。

七日付の毎日新聞の社説「切札は明示されている　直截簡明な日本式外交」は、その切り札とは何か、について、

「小国代表の机上論に動かされて、日本の国民的要望を一蹴するにおいては、日本はいささかの未練もなく連盟を脱退することであろうということがそれである」

と、自分たちが考える「切り札」としての連盟脱退を堂々ともちだしていた。

翌七日の総会でも、小国代表による日本攻撃の演説がつづいた。そして、一九三一年（昭和六）九月十八日の原状にもどることを求めた小国決議案の提出がはかられた。日本にはとうてい認められない「満洲事変前に戻れ」の提案である。松岡代表はその撤回を要求する声明を八日に発し、この日、再度壇上に立って世界各国に得意の演説で訴えた。

「——余はあえて言う。今日なおわが国民には制裁にたいする覚悟はすでにできあが

っている。それはなぜか。日本は満蒙問題が『いまかしからずんば永久に解決なし(now or never)』の問題であると信じているからだ。日本は断じて威嚇《いかく》の前に屈服するものではない。日本は断じて制裁のもとに屈従するものではない。日本は平然としてそれを迎えるであろう。なぜなら正しくとも正しからずとも日本は問題が『いまかしからずんば永久に解決なし』と信じているからだ。しかも日本はあくまで正しいと信じているのだ。(略)たとえ世界の世論が、ある人びとの断言するように、日本に絶対反対であったとしても、その世論たるや永久に固執されて変化しないものであると諸君は確信できようか。人類はかつて二千年前ナザレのイエスを十字架にかけた。今日はいかん? 諸君のうち果たして何びとが、いわゆる世界の世論なるものがあやまちを犯さないと保証しうるか? われわれ日本人は、いまや試練を受けつつあると感じている。ヨーロッパ・アメリカのある人びとは二十世紀において日本を十字架にかけようとしているのではないか? 諸君、日本はまさに十字架にのぞまんとしている。しかしわれわれは信ずる。固く固く信ずる。わずか数年ならずして世界の世論は変わるであろう。しかしてナザレのイエスがついに世界に理解されたごとくわれわれもまた世界によって理解されるであろうことを」

この「十字架上の日本」演説は、いっさいの真相を知らされずに、やみくもに国際世論によって袋叩きにあい、非道畜生視されていると信じている日本国民の心を打った。新聞もラジオも、松岡の演説を今世紀最高の演説のひとつと讃《たた》えた。それほど懸命に国際正義を説いてもかえって異端視され、ついに十字架にかけられようとしている。そのときにわれらは何をすべきであろうか。新聞や雑誌がしきりにいう「国連脱退」の四文字がくっきりと浮かびでた。手足をしばられたような国際連盟の桎梏《しっこく》から脱退すれば、自由に行動できると国民はひとしく考えた。

ジュネーブの総会場では、イギリスとフランスが日本の脱退を回避すべく決議案の票決を延期し、十二月九日、問題を十九カ国委員会（上海事変にともない設置された〝紛争を審査する特別委員会〟）に一括付託することにした。イタリアとドイツも賛成し、カナダもこれに和した。日本政府と松岡代表は国連脱退を回避するための一条の希望の光をみることができた。十九カ国委員会がひらかれるまでに時間があり、また連盟内の情勢も、英仏の代表を中心に、日本がうけいれることができるようリットン報告の修正など、連盟の態度が軟化しようとしていた。

ちょうどその直後のことであったのである。朝日新聞、毎日新聞、時事新報、読売新聞、報知新聞、都新聞（現東京新聞）など全国新聞百三十二社は連名で、十二月十九日付の各紙に、国際連盟に向けて共同宣言を発表した。共同宣言はつぎのようにうたいあげた。

「東洋平和の保全を自己の崇高なる使命と信じ、かつそこに最大の利害を有する日本が、国民を挙げて満洲国を支援するの決意をなしたことは、まこと理の当然といわねばならない。……国際連盟の諸国中には、今なお満洲の現実に関する研究を欠き、したがって東洋平和の随一の方途を認識しないものがある。……いやしくも満洲国の厳然たる存立を危うくするがごとき解決案は、たといいかなる事情、いかなる背景において提起さるるを問わず、断じて受諾すべきものにあらざることを、日本言論機関の名においてここに明確に声明するものである」

これは新聞が自分で自分の口を封じてしまったことを語っている。それだけではなく、満洲国を世界に承認させよ、妥協を断固拒否せよ、と新聞が政府に要求したにひとしいのである。そして新聞によってリードされる日本の世論が、完全に国際連盟脱退への強硬論が固まってしまうことになるのは、これまた目に見えている。

「国際連盟に対する日本の立場と決意とは、既に磐石の如き、何人が外交の局にあたるもはや変わりようがない」（朝日の十二月二十九日付社説）

国際連盟脱退への道は大きくひらかれたといえる。

寂しい幕切れ

昭和八年の元日、外交の混迷をあざ笑うように、満洲と中国の国境線にある山海関で日中両国が武力衝突した。リットン報告書の審議をめぐって日本の立場が日ましに悪化しているとき、山海関に隣接する万里の長城を越えて中国北部に日本軍が進出するような事態になっては、国際連盟がこのうえにどんな制裁手段をとらぬものでもない。天皇は深い憂慮を示し、政府は新たなる困難に直面して頭をかかえた。

関東軍は、いかなる外交的困難が待ちうけようと作戦上からいっさいを容赦しなかった。兵を進め山海関北方五里の九門口を占領した。ここは北部中国へ通じる幹線道路上にあった。一月十四日、天皇は関東軍に増兵の勅許を求めて参内してきた閑院宮参謀総長に、「九仞《きゅうじん》の功を一簣《いっき》に虧《か》かぬようにせよ」ときびしく注意した。小国はもちろん、いまや大国もふくめて、国際連盟の対日硬化を伝えてきている新聞報道を読み、天皇は心から憂えていた。

それかあらぬか、十九カ国委員会は、紛争当事者にたいして連盟規約第十五条第四項を適用する勧告案を起草するために、英・仏・ベルギーなど九カ国による起草委員会を設置しようとしていた。当然のことながら、日中間の紛争和解が失敗したときには、その勧告は日本にたいしてきびしくなるであろうことは、もう自明の理というしかなかった。

陸軍はただちにこの動きに反応して、「本項の適用は……（連盟が）本来の任務を軽視して徒《いたずら》に極東方面に何等利害関係を有せざる小国側の理想論に引きずり回されているの観が存する。……かくの如き最悪の場合にさいし、連盟の脱退もとより毫《ごう》も恐るるに足りない。またあえてこれを躊躇するを要しない」とやれば、朝日新聞は号外で「日本は脱退のほかなきか」（一月二十二日付）と予見し、毎日新聞も「最悪の事態考慮　和戦両様の備え　勧告案の如何《いかん》によっては　代表引揚げ断行」（一月二十三日付）と伝えた。

しかし十九カ国委員会はかまわずに、妥協のための調停が不調に終わったとし、一月二十三日、勧告案作成のための委員会を設置した。日本の外務省は、松岡全権たちの引揚げを考えた。日本陸軍中央はいきり立った。「姑息な代表引揚げは反対」「断乎連盟脱退」「脱退せば軍縮全権も引揚ぐ」と矢つぎ早に強硬発言をつづけた。

毎日新聞の社説「連盟脱退か否か　我が国の立場」（一月二十八日付）があとにつづいた。その主張は、「国際連盟を脱退するほかないのである」という明快このうえな

いもので、

「わが国の脱退は、むしろ世界に向かって一大反省を促すの機運を開くものともいうことができるであろう」

と鼻息はまことに荒かった(16)。

斎藤首相はもとより、脱退反対という閣僚の多かった内閣もぐらぐらしはじめた。駐日英国大使が内田外相を訪ね、日本から新解決案を提起してはどうか、と勧めてきたが、外相はあっさり断った。ジュネーブの松岡が熱心に「妥協」の請訓を求めてきたが、その余地なしと外相はにべもなかった。そして一月三十日、「第十五条第四項発動に動ぜず」と政府は声明を発する豪気さを示した。閣議が内田外相と陸軍大臣荒木貞夫大将の強硬意見にひっぱられはじめたのである。

このときである。時事新報が挙国一致的になりつつある脱退論に抗して、社説「連盟脱退前に外交あり」を二月一日付の紙面にかかげ、時流にたいしてはじめて背を向けた。勇気のある提言がマスコミの一隅から起こったといえようか。脱退が理の当然のごとくいわれているが、はたして事態は「最後の岐路を決すするまでに押し詰まっているか」と再考をもとめ、

「すでに決意不動である以上、脱退は最も雑作《ぞうさ》なき行動で書生にもできる外交結末で

ある。……すなわち外交的には、脱退するは易く、脱退せざるは難いのである」と正論を押したてて、内田外交を書生論にすぎないと批判した。そしてもうひとつ裏で、内田〝脱退〟外交を推進している軍部をも批判したのである。

時事新報だけではなかった。石橋湛山と『東洋経済新報』もまた、切なる声をあげて脱退を早まるなかれと訴えた。二月四日号の「財界概観」「不脱退を切望」は、

連盟の側より見て、我が国の脱退は大いなる損失なることもちろんであるから、日本に居残ってもらいたいことは山々だ。我が国が遮二無二連盟脱退をかけて、全然その面目を顧慮せない場合は知らず、いやしくもしからず、今までのいきがかりはとにかくその真の衷心は、連盟の一員として、特にその極東の最も有力なる一員として、その擁護発達に努力する精神である以上、連盟においては、その面目の丸つぶれにならぬ限り、換言して辛うじてその面目の保持さえ出来れば、たとえ第四項適用の場合においても、我が国の要求に応じ、我が国をして脱退せずとも済むほどに、勧告書の内容を緩和するを厭わぬ用意はあるに相違ない。我が国としても、一部には現在の連盟の不合理性したがって無権威、無能力を云々して、断然脱退すべしと、一見景気のいい論も行われているが、冷静に正視すれば、連盟脱退は決し

て我が国の名誉でない。のみならず、なんといっても、国際的親和協調主義のますます発達し濃厚となる今後に処して、連盟脱退の不利は恐らく測るべからざるものがある。故に、識者の多数は、連盟脱退は不可である、いかに苦しくとも、いかに忍ぶとも、脱退しないで済まし得る道があるならば、いかなる場合においても、脱退せぬよう善処してもらいたい、と熱望している。これがまた、常識に富める我が国民多数の希望であり、したがってまた輿論であろうと信ずる。

しかし、そのような〝常識に富める〟良識の言は陸軍中央の耳にはもうとどかなかった。二月二日、衆議院本会議で荒木陸相は、関東軍の「熱河省進攻」を高らかにうたいあげた。閣議でも、

「国際連盟にとどまっているから、日本は思うとおりの軍事行動ができぬ。いま、熱河省は張学良らの策謀の基地となっている。これを討たなければ満洲国の安寧をはかることはできない。熱河討伐が熱河省だけでおさまるかどうか。あるいは北京・天津にまで兵を出さねばならぬようにならぬともかぎらない。そういう場合、連盟の一員でいることは、いろいろな拘束をうけるだけで、日本の利益になることは一つもない。よろしく脱退すべきである」

と公言し、閣僚を呆然とさせる始末なのである。

こうして二月四日、閑院宮参謀総長が熱河省討伐作戦のための関東軍配置転換の裁可を上奏する。天皇は閑院宮にたいしてめったにない強い口調でいった。

「熱河作戦は、万里の長城を越えて関内に進入することなき条件にて、許可する」

こうしていったんは許可したものの、天皇は熱河攻略作戦が強行されることによって、ジュネーブの国際連盟にたいする悪影響を及ぼすのではないかと、そのことを心から憂慮した。作戦決行が連盟無視とうけとられ、制裁措置がいっそう強化されるのではないか。天皇は国連脱退に反対の意向を毫《ごう》もくずしていなかった。そこで天皇は、二月十二日、奈良武次侍従武官長をよぶと、

「参謀本部には、あらためて、熱河作戦の結果万里の長城を越ゆることは絶対にまかりならぬことを注意し、これをきかぬときは作戦中止を命令する、と厳命してほしい」

と注意した。そしてこのとき、新聞がしきりに報じていることであるが、国際連盟の十九カ国委員会が十四日にはひらかれ、勧告案が可決されることは間違いあるまい、とつぶやくように奈良武次官長にいった。

天皇の予想どおり、十四日、十九カ国委員会は提出された日本軍の満洲撤退勧告案

を全会一致で決定した。そして総会でこれを討議することをきめた。二月十六日の毎日は、「笑え！　きょうジュネーブから『連盟自滅』の通知『断』の一字を踏んまえ冷ややかに笑う霞ヶ関」と見出しをつけ、「毎日やってくる国民の激励の手紙には全く感激するばかりだ」という白鳥敏夫情報部長の談話を掲載した。

これらをうけて二月十五日の閣議では、荒木陸相と内田外相が即時連盟脱退を主張したが、ほかの閣僚は賛成せず、結論はどうやらもち越された。この日の時事新報の社説「真の大国民は冷静なれ」はいう。

「連盟の無礼失敬——といわんよりは認識不足は、日本が連盟を脱退してしまってはこれを匡正《きようせい》すること殆《ほとん》ど不可能なるに反し、日本が連盟の中にあって機会あるごとに根深く闘うことによってのみ将来の成功を期待し得る」とし、「連盟が日本を出て行けがしに罵《ののし》ったとしても、頑として端座して動かず」留まることが、「大日本当面の意気地なれと信ずるものである」と。

しかし、世論は滔々《とうとう》として脱退の方向へと流れていく。

それをあおるように毎日の社説「連盟脱退のほかなし　頬冠《ほおかむ》り主義を排す」（十七日付）は、こう説く、

「勧告案はことごとくこれ軽侮にその源を発している。……勧告案はわが国民の決意

を嘲笑せんとする白人種《はくじんしゅ》のいだく優越感の顕現《けんげん》といわなければならぬ」

さらに十八日の毎日は「連盟に留まるは不利　孤立とは何」と題して、重ねて脱退の決意をのべた。孤立しながら連盟に留まることは、と前提して、

「これ実にこれら諸国に向かって憐《あわれ》みを乞う怯懦の態度であって、いたずらにかれらの軽侮の念を深めるのみである。……わが国はこれまでのように罪悪国扱いをされるのである。……連盟内と連盟外の孤立に、事実上何の相異もない」（二月十八日付）

同じ日の時事新報の社説「脱退か留盟か議論を尽くせ」はいう。

「是非の両論が、その終局において精神的一致を得るの途は、両論を尽くすことによって初めて得られるのである。言わんと欲する所を封ぜられ、説かんと欲する所を制せられ、不満不平のうちに一方の議論に引きずられるようでは、その国論は真の国論ではなく、したがって挙国一致の実を結ぶの不可能なるは論を俟《ま》たない。……静かに顧《かえり》みるに、日本人は如上の言論的訓練に欠ける憾《うら》みはないか。自己の説を満点、他を零点と誤認して罵倒に趨《はし》りやすい傾向はないか。己の耳に栓して自説のみを叫ぶ癇癖《かんぺき》はないか。……かくてこの大国策が、論もなく理も尽くされずに移り行かんには、悔いを後日に貽《のこ》さんこと必定であろう」

また、同じ日の朝日の社説「勧告書は判決文にあらず」は、このときに及んで時事

新報と別の立場から、日本のほうから脱退を急ぐことを戒めた。「国際的孤立」や「経済封鎖の制裁」を憂慮しての主張であったが、それでも連盟が「勧告書の実施を強制」してきた場合と、「日本の連盟に対する根本方針を更新するをもって得策なりとなす場合」には、「連盟脱退の機宜」であると認めていた。

このいよいよせっぱつまった大論争のなかに、わが石橋湛山も独自の論をひっさげて割って入っている。二月十八日号の「財界概観」でかれは、強硬派が政府を追いつめているとの風評をとりあげ、最悪の場合に処するの覚悟なくして、日本に有利な条件のみをあげて脱退することの危険を戒めたのである。

満洲国を挟んでの我が国対国際連盟の紛糾は、しばしば危機を伝えたが、しかしそれでもなんとか妥協の道が開け、根本的の解決とまではいけぬにしてもとにかく更に再考の時間が与えらるるくらいのことはできそうのものと希望せられ、かつ期待せられた。しかるに最近の情勢はこの希望と期待とを裏切って、はなはだしく逼迫し、連盟は遂に規約第十五条第四項による勧告書を我が国に突きつける土壇場まで押し詰めた。しかもこれに対抗して、我が国には連盟脱退論が強く、政府もまたどうやらさようの決心を固めたと風聞せられる。連盟にとっても、我が国にとっても、このことはもちろん容易ならぬ問題である……何せよ、空気は非常に悪い。この分で進めば、全く連盟脱退までに行く危険は十分にある。あるいは脱退はしばらくせぬとしても、我が軍の熱河攻略は避け難きもののごとく、すでに我が軍部からも、満洲国からも、その声明が発せられている。これに対して連盟はいかなる態度をとるか。いずれにしても我が対外関係は、全くここ息詰まる危機に立っている。以前からある論者は、東洋を中心として第二の世界戦争近しと予言していたが、もし今内外の政治家にして一歩を誤らば、あるいはこの不祥の予言に的中の名誉を与えぬと断言できぬ。一月十三日来の株式その他の我が諸市場が連盟関係悪化に恐怖して一斉に崩落を示したのも当然だ。

といって記者は今が今直ちにさようの戦争が起ころうとも思わない。無論それも政治家らの考え次第で異なるところだ。しかし結局遂に爆発の時期が来るとも、多分それまでには事件はまだまだ長くグズついて続くであろう。例えば今我が国が連盟脱退を宣言するとする。そして自由に満洲に行動するとする。これに対して連盟または列国は、南洋の委任統治領の問題や何かで、種々の苦情はいい立てるだろう。が、さりとて急遽《きょ》我が国を経済封鎖する挙にも出で得まいし、いわんや宣戦するなどいうことは不可能だ。そこまで行くには、まだまだ議論を揉み合って、列国の国民の感情を激化するに至らしめねばならぬ。我が国においては、問題が直接的であるだけ、あるいは今直ちに戦争を始めても、国民は納得するかもしれぬ。しかし米国やその他の国民は、遠い満洲の事件で容易にさような感情に燃えるだろうとは想像せられぬ。とすれば、そこにはまだかなりの時間の余裕が認めらるるわけで、いわんや日本が第十五条第四項の勧告を受けても連盟脱退を宣せぬ場合においては一層時間はあるであろう。そこが、この問題についての多くの楽観論者の付け込み処《どころ》で、ナニそう心配するに及ばぬさといわるるゆえんだ。しかして記者も、この観測には同意する。けだしいかなる危機も、それに達するまでに相当の時間があれば、その間にまたこれを避け、局面の転回をはかる望みは存するからだ。

しかし問題はそれにしても重大だ。かつて内田外相は、国を焦土と化してもと称したが、実際にこの時局は、それほどの場合である。とすればたといここにまだ多少の楽観を容《い》るる余地ありとするも、国民はその故に安心してはいられない。安心していたら間違いだ。本号の他の場所でも述べている限り、兵家は戦いを自己に有利にばかり解してはならない。かえって逆に自己に最不利の状況を想定し、あらかじめそこに覚悟を置くが原則だ。ただ今の我が国の立場は、まさにこの兵法の原則に従って行動すべき時だ。しかるに今我が国民には、果たしてそれだけの覚悟があるだろうか。

長い引用となったが、このように論じてきた湛山は、さらに脱退のもたらす危険を詳述したうえで、こう結論するのである。

しばしば我が国には、連盟脱退論が行われ、記者のごときもまた簡単にさようの言葉を使いはするが、事実はそう早急に連盟を脱退するなどいうわけにはいかぬ。すなわち規約第一条第三項により「連盟国は二年の予告をもって連盟を脱退することを得、ただし脱退の時までにその一切の国際上および本規約上の義務は履行せられたることを要す」と我が国も約束しているのであって、脱退の予告は出来るが、真当の脱退は二年後に、すべての義務を履行したうえでなくてはできぬ。とすれば連盟の発する勧告が気に食わぬからとて、脱退のなんのと騒ぎ、自ら大国の襟度《きんど》を喪《うしな》うことは愚の極みだ。

湛山がいかに「愚の極みだ」といおうと、もはや大勢は動かなかった。二日後の、二月二十日の閣議は、連盟総会が十九カ国委員会の日本への勧告書を採択した場合には、連盟を脱退する方針を決定する。事実上の脱退の決定である。新聞はいっせいに翌二十一日に閣議決定を報じ、さらに二十二日には「国策を支持して　熱血の気勢を揚ぐ　九段と日比谷に大会」と国民の狂熱ぶりを伝えた。陸軍中央の中堅将校、革新派の外務官僚、右翼団体は、ここかしこで勝利の祝盃をあげた。この日の朝日にはまた、「小林多喜二氏　築地署で急逝　街頭連絡中捕わる」という記事ものっている。(17)

二月二十日の内大臣牧野伸顕の日記は、新聞の熱狂ぶりをにがにがしく記している。

「……連盟脱退問題はその意味を十分玩味せず、ただ脱退により大に目的を達したる如く、脱退があたかも目的なるが如く思いこみ、その目的達成に狂奔の言論界の現状、帝国人心の軽徴［佻］を示すものにして、前途のため憂慮に堪えず。時日経過ののちはかならず悟るところあるを信ず」

ここに及んで時事新報の社説「遂に連盟脱退に一決す」（二十一日付）は寂しく「一決した以上は、ここに是非の筆戦を中止」といい、最後の主張をのべる。

「世上には、われわれと説を同じうした者も少なくないであろう。しかし、今日となっては、きのうの論を死児の齢《よわい》を数うるに比し、一転してその国策の実行を効果的ならしむる方面に活用することを奨めざるを得ない。その透徹せる識見が、国家国民に役立つの理は一だからである。……（国民は）戦争心理に駆らるることなく、あくまでも冷静なる大国民の面目を保持せねばならない」

こうして二月二十四日、国連は総会において日本軍の満洲撤退勧告を四十二対一（反対は日本）で採決。日本の全権松岡洋右が「日本政府は、日支紛争にかんし国際連盟と協力せんとするその努力の、限界に達したことを感ぜざるをえない」と演説し、「サヨナラ」を正式に表明し退場した。時事新報は翌二十五日、「焦り急いで駈け出すようなことなく大地を踏みしめつつ従容《しょうよう》たる大国民の態度たれ」と再度要望し、「欧州大戦の前後のドイツには相当数の同情国があったのに、日本は唯一の同情国さえなかった」という総会席上での厳然たる事実を指摘する。しかし、それ以上に脱退問題にふれず、日本の「平和国策は不変」と説くだけでペンを擱《お》くことになる。

実にさみしい幕切れである。

また、この二十五日、熱河省攻略の作戦行動が開始された。関東軍司令官武藤信義大将は、「今次、満洲国政府はその国軍をして大挙熱河省の粛清を断行せしむることとなれり。我軍もまたこれに賛意を表し、所要の兵力を以て協同事に衝《あた》ることとなれり」と声明する。関東軍は満洲国軍の作戦行動に協力するというわけである。朝日新聞はこの日の号外をもって、「日満軍の熱河討伐進展す」を伝えた。

（13）『文藝春秋』の昭和七年八月号で、蠟山政道氏が「立憲的独裁への動向」と題して、十分な検討を経ないで満洲国承認を急ぐ世論の動きに疑問をなげかけている。
「満洲国の承認問題が国内問題として既に一種の既成事実となっていることは、新聞紙の論調や去る臨時議会の決議から見ても疑う可からざるところである。……権威ある新聞紙までが聊《いささ》かヒステリックな論調を帯びていることは我が国家の為めにならない」

蠟山の目には新聞がよほどヒステリックに論陣を張っていると映じたのであろう。といって、堂々と満洲国承認に反対と論ずるわけにはいかない世論の勢いでもあったようである。冷笑的批判という形でしかものがいえなかったのか。
（14）石橋湛山だけに視点を合わせていくと、では、この時代を生きていた知識人はいったい何を考え、どう行動していたのか。この疑問がどうしても残ってしまう。それらの人びとは、敗戦後、自分の生き方、思想にたいして、悔悟の念を覚えたに違いなかったであろうが、ほとんどがなし崩しに責任逃れに流れ、公的に自己批判することなく済ましてしまったようである。このために本当のところはついにわからずじまいである。結局は、考える暇もなく時の勢いに流されていった、というのが実情であったと思われる。
このことにたいして鶴見俊輔氏は書いている。

「政治家、実業家の場合とちがって、知識人の場合には認識上の制約をうけていたと考えられない。昭和十六年以前に大学教育を終えた専門的文筆業者、学者、知識人は、世界史の動きの中で、満洲事変以後の日本が正しい方向に行っていると判断せざるを得ないような訓練は、うけていなかったはずだ。ここで、ゲーテの研究者、ヘッセの研究者、ロランの研究者、イエス・キリストの研究者、シャカの研究者などがこぞって普遍的な問題をすてて、世界からきりはなされた日本国民の問題だけをとりあげる方法を信じるようになったのは、かれらの頭がおろかであったことからくるったのではなく、かれらの頭がはっきりとまちがいと判断している勢力に対して、自分の頭の働きをゆだねる実際的な決心をしたからである」(『中央公論』昭和三十一年一月号「知識人の戦争責任」)

この鶴見氏の説によれば、戦前の大学卒業者(知識人)は満洲事変以後の日本を批判的にみていたはず、ということになる。しかも、わかっていて「決心」をしてのめりこんでいった、と鶴見氏はあっさりときめつける。しかし、なぜ間違っていると思う相手に知識人たちが進んで協力するようになるのか。そのへんのところはいぜんとして不鮮明のままなのである。

(15) ちょうどこのころ、昭和八年四月号の『文藝春秋』に痛快な新聞批判が載っている。例によっていささか品のない書き方であるが。

「緒方竹虎氏、関口泰氏ありといわれる東朝(東京朝日)、清沢洌を有する報知さえ『顧みて他を言う』という暗澹たるありさまで……緒方局長が関西下りをやった結果、大朝(大阪朝日)と共にひっぱたかれた亀の子のようにちぢこまって……××(伏字・陸軍あるいは当局?)によって『言わんと欲する所を封ぜられ、説かんと欲する所を制せられる』のではたまらない。……法律上、行政上よりおこなわれる合法的取締は、ヒットラー政権下のドイツを思わせるほどにしゅんげんじゃないか。なんのこたァない、『言論の国有』だ」まさに言論の国有化が進行中であったのである。そして新聞はそれに手を貸していたのである。

(16)『改造』昭和八年三月号は巻頭言で「国に言論なし」を掲げて、当時の議会や新聞界の付和雷同を批判している。

「満洲の広野には死を賭する兄弟はあれほど多いのに、言論界では死を賭して侃諤《かんがく》の正陣を張るものなく、所謂《いわゆる》国の宝とされておった争臣は地を払ったような観がある。就中《なかんずく》、議会の低調、その庸愚《ようぐ》、その無気力は沙汰の限りというべきである。いつも歯に衣着せての物脅えの軟論ばかりある。……今や連盟の方では遠慮なく松岡君以下を置去りにした。何も、今になって騒ぎ立てる必要はないとは云うものの、国民として最後的の用意まで必要なときに於いて、言論界、議会が他人行儀のお座なりばかり云っていては、我国の前途まことに心憂にたえざるものがある」

当時においてもいわねばならない事の核心はわかっていたようにみえる。わかっていても、だれも捨て石になって、はっきりものをいうものがいなかった、ということなのであろう。

そういえば、言論界からは言論の自由を守っての殉難者はひとりもいない。

(17)　小林多喜二の死にたいし、『文藝春秋』は大いなる見識を示す一文を載せている。「小林多喜二〝急死〟す……もとより憲法治下の日本政府に、噂につたえられるような暗黒手段の横行することは絶対にないことであろう。ないならないで、なぜ当局者はその一切を白日の下に明かにして、一般良民の疑惑をとこうとはしないのか。すでに世情険悪の今日である。斎藤内閣はなぜ生れたか。左右のテロを排して国民の輿論を尊重せんがため生れたのではないか。……さらに驚くべきは、この事件に対する一般言論界の不感的なる麻痺状態である。よし小林の思想が如何に誤ったものと考えるも、それは別の問題である。とにかく憲法による人権の保証が、当局者みずからによって破壊されつつあるがごとき噂の発生しつつある場合、何らの検討をもこれに加えようともせず、頬かぶりして知らぬ顔に看過しようとするのは、あまりといえば不甲斐なききわみではないか」(昭和八年四月号『文藝春秋』欄)

終章　醜態を示すなかれ

昭和八年二月二十四日の、松岡全権の「サヨナラ」の退場いらい、日本の国策はもはや確定の事実であるかのように、国際連盟脱退へ動いていった。三月八日、外相内田康哉が連盟にたいする通告文、詔書の渙発《かんぱつ》が必要であることを上奏した日、国際協調を大事と考える天皇はなお脱退には反対であった。外相が退下すると、牧野伸顕内大臣をよび、

「しいて脱退するまでもないのではないか」

とたずねた。牧野は答えた。

「ごもっともとは思いますが、脱退の方針ですでに政府も全権も出処進退をしております。いまになって、にわかに脱退の方針を変更することは、海外の諸国にたいしては、いかにもわが国の態度が浮薄にすぎるように思われ、侮られます。また、国内の人心も動揺するおそれもあります。でありますから、このさいはこの方針を政府がつらぬくほかはないと考えられます」

こうまでいわれて天皇は、やむなく納得した。そして侍従長鈴木貫太郎に、それならば詔書にはつぎの二つのことをきちんと明らかにするように、と指示した。

一、脱退のやむをえざるに至ったことは、まことに遺憾であること。そして、脱退

をするといえども、今後とも ますます国際間の親交をあつくし、協調を保つこと。

二、文武たがいに職域を恪循《かくじゅん》し、たがいに侵すようなことをしてはならぬこと。

天皇としては、内閣一致の国策決定にたいする〝孤独な抵抗〟が空しくなったいま、せめて自分の意思だけは明らかにしておきたい、という気持ちがあったのであろう。さらにはまた、その心のうちには、政府を無視しての軍部の熱河作戦の積極化への深い憂慮があったのでもあろう。そして嘆くようにいった。

「連盟脱退は、結局は、そのときの情勢にまかせるほかはないのであろうか」

天皇のいう情勢の赴くままに、日本帝国は国際連盟から脱退し、「栄光ある孤立」の立場を貫くことになった。そして、松岡は犠牲者たる日本の悲劇の象徴そのものとなっていった。退場によってつくりだされた孤立感は、ジュネーブから東京へと移され、日本人の心にどうにもならぬ危機感として高く鳴り響くようになっていった。

三月二十七日、日本の連盟脱退にかんする通告書は、臨時枢密院会議において可決され、ただちに午後三時に、ジュネーブの連盟事務総長あてに電送された。これは巨視的にみれば、世界史の流れを変えた出来事となった。この二日前の二十五日、ドイツ国会で可決されてヒトラーの独裁体制が成立している。タイミングはあまりにもよく合致した。もし日本が国連脱退をしなかったならば、できあがったばかりのナチス・ドイツも連盟を脱退しなかったであろう。ドイツがもし連盟にとどまっていたら……を問うことは、決して無意味ではない。十月十四日、ナチス・ドイツは国際連盟とジュネーブ軍縮会議の両方からの脱退を声明し、勢いよく再軍備を推進することになる。

朝日は「国際連盟脱退！　詔書厳かに渙発さる」「歴史的枢府御前会議　脱退案全会一致可決」と二十八日に報じた。その社説「連盟脱退通告」は、日本の脱退が連盟に一大教訓を与え、その世界平和保持という使命遂行に反省の機会を与えることを希望する、と建て前を述べながら、日本の孤立主義化への恐れを正直に告白し、

「世人往々連盟脱退後の我が外交を孤立外交と呼ぶものがあるが、これ程甚だしき認識不足はないのである」

と注意をうながした。

毎日の社説は、「連盟脱退宣せらる　独往の帝国」（二十八日付）と題して、現在の連盟は平和機関として試験的なものにすぎない、ときめつけ、

「現在の不公平な国土と民族の上にどうして恒久的世界平和がたてられ得るか」

といささか八つ当り気味に訴えた。

これ以上に新聞論調をくわしく引用することは省略するが、国際連盟脱退という基

準に向かって、欧米の論調に気をもみながら、かえって感情的な反発が冷静な判断を失わせ、大新聞が全社一丸となって驀進《ばくしん》していくさまは、各新聞の縮刷版をちょっとのぞけば十分に窺われる。その上に、これでは足りないとばかりに、新聞はやがて全権松岡を時代の英雄児に仕立てていくのである。これまた滑稽な太鼓の叩き方であった。

補佐という名の監視役として松岡に随行した陸軍の土橋勇逸（当時中佐）が、戦後に書いている。

「こと志とチガッて、日本に帰っても顔向けはなるまい。ままよ、しばらくアメリカに姿をクラマシて、ホトボリがさめるまで待とうと決心した松岡さんが……アメリカへ行く。孤影ショウゼンたりである。行って日本の情況を眺めた。そして驚いたり、自分の耳を疑ったりした。……それもそのはず、内地では四二対一を誇らしげに口にし、脱退した松岡を礼讃し、正に英雄に祭り上げている。……これは早速帰らねばならぬ。敗軍の将としてではない。全く常勝将軍の心意気である」（『現代史資料』第十一巻）と。

このとき、『文藝春秋』五月号の匿名月評子S・V・Cは、この思わざる事実を伝えている。

「連盟の脱退は我輩の失敗である。帰国の上は郷里に引上げて謹慎するつもりだ」とのニューヨークでの松岡の告白を示したうえで、「連盟脱退は明白に日本の焦土外交の失敗であった」とし、内田康哉外相の責任が「糺弾」されなければならないのに、「新聞は之を問わない。松岡代表のニューヨークにおける告白をとりあげてさえいないのである」と批判した。

新聞は問わなかったのではない。問うべきなのに問おうともしなかったのである。焦土外交・孤立外交をよしと讃えたのは新聞自身であったからである。このときになって、なお何か言わねばならぬことがあったとすれば……左様、それについては、朝日の社説「松岡全権の帰朝を迎う」（四月二十七日付）をあげておけばいいであろうか。すなわち、

「わが国の連盟脱退が成功であったか、失敗であったかは別問題として、脱退は既に断行された事実であり、日本として結局これ以外方法が無かったものである以上、過去の経緯をとやかくいって見たところで始まらない」

と、ひらき直り、そして、

「無事の帰朝を迎うるに当り、全権の労苦を心から多とするものである」

と松岡を心からいたわった。

四月二十八日、その労を心からねぎらわれた松岡は、戦いに敗れた兵士としてではなく、凱旋将軍となって胸をはって帰国した。浅間丸の甲板から小さな日の丸を振るかれに、出迎えの大群衆は「万歳」「万歳」の歓呼をもって応えた。ＪＯＡＫ（現ＮＨＫ）によって実況放送され、一致した世論の爆発ともいえる熱狂的歓声は日本中のすみずみにまで伝えられていった。

こうして国民は、一方的な、かつ確信的な新聞報道を吹きこまれ、日本は国際的な被害者なのに加害者として非難されていると信じ、焦燥と鬱屈した孤立感と強烈な危機感と、それにともなう排外的な感情とをつのらせていった。そのことがつぎに何をうんでいったか、その後の昭和史が示すとおり、である。

そしてわが石橋湛山は四月一日号の「財界概観」で、この事実をうけとめてこう記している。またしても長文になるが、そのまま引用しておくことにする。終始日本の連盟脱退に異をとなえ、そのことは国際的孤立をまねくばかりではなく、連盟そのものの存続を危うくすると考える湛山の、それは切ない提言になっている。なお法的には連盟規約第一条第三項により、二年後の昭和十年三月二十七日に日本の脱退は決定する。時間的余裕はまだわずかに残されている。そのことも湛山提言の背景にある。

国際連盟そのものに対しては、日本政府は素より何等の反対意見を抱く者でなきばかりか、「各国間の平和安寧を企図する国際連盟の使命」は帝国の国是と「その精神を同じうすることを認め」したがって帝国は「過去十有三年にわたり、原連盟国としてまた常任理事国として、この崇高なる目的の達成に協力し」てきたというのである。さればこの通告文で見るかぎり我国の連盟脱退は、いささかも連盟の存立を脅かすものでない。しかも不幸にして事のここに至ったは「各国間の平和安寧を企図する国際連盟の使命」を東洋ないし満洲という局地において実現するに当たり、たまたまその方法について意見の扞格《かんかく》を生じたからにほかならない。いわばはなはだ些末の点での衝突だ。精神においての相違ではない。これが、我脱退通告文の全体を流るる思想である。

この思想はさらに右通告文と同時に発せられたる詔書において一層明白に宣せられている。いわく「しかりといえど国際平和の確立は朕常に之を冀《き》求して止まず、これを以て平和各般の企図は向後また協力して渝《かわ》るなし、今や連盟と手を分ち、帝国の所信にこれ従うといえども、もとより東亜に偏して友邦の誼をおろそかにするものにあらず、愈《ゆ》信《しん》を国際に篤くし、大義を宇内に顕揚するは、夙夜《しゆくや》朕が念とする所なり。」と。聖旨炳《へい》として明らかである。連盟は脱退するとも、我国は決して世界の平和に背く者ではない。それどころか平和各般の事業については、今後も列国と協力すること従来と変わりがない。また我国は所謂《いわゆる》東亜に立籠って、他の諸国との友交をおろそかにする意志の如きは毫頭ない。これが詔書の大趣旨である。先般来連盟方面では、日本が如何なる通告文を出すか、それによって今後の平和事業に少なからざる故障を起こすであろうと心配せられていたそうだが、今度の詔書および通告文は、思うに彼らのその心配を一掃するに足りたであろう。と同時に記者は我国民がよくよくこの詔書の御趣旨を体し、国際連盟に脱退を通告したからとて軽率な非国際的言動を恣《ほしいまま》にする如き醜態を示さざらんことを切望する者である。

この最後の一行には、国際的孤立化を警告しつづけた湛山の最低の願いがある。というよりも、最後まで投げてかからない言論人の、あくなき戦いの持続がある。満洲事変いらいの、いや、言論人石橋湛山が誕生していらいの、かれの提案はことごとく政府や軍部や言論によって踏みにじられた。正確にいえば、かれが全力をあげて論難し排撃したよろしくない方向へ方向へと、国家の政策は突き進んだ。一城一城と抜かれ、追いまくられながらも、湛山は次善に踏みとどまって、また提案を試みる。

それも効果なく、現実は湛山が憂えたとおりのところへと突き進む。そこで湛山は次々善の提案をする。しかしそれもまた一場の夢と化す。湛山はめげない……。

石橋湛山の戦いとはそうしたものであった。惜しむらくは、激流のなかの孤舟の戦いであったことは否めない。しかしその真摯な持続力は類例をみないものであり、エネルギーは超人的とすらいえる。(18)

湛山は、日本の連盟脱退以後の日本外交の活路を切りひらくため、このあと「言論の自由」を強調し、「日英提携論」を積極的にとなえる。それをまたあざ笑うかのように言論はギリギリと締めつけられ、反イギリス論調が世論の主流となっていく。と書きつごうとすれば、湛山の死に至るまでの戦いの生涯をすべて書かねばならなくなる。それは本書の主題の外へでてしまう。

こうして国連脱退以後の日本は、勢いをえて熱河省の兵をぐんぐんと前方へと押し進めていった。三月下旬には、張学良軍を撃破につぐ撃破、中国との国境の長城線の要地をほとんど占領、そして万里の長城を越えて、中国領域にまで進攻する勢威を示した。国府軍も、張学良を罷免し、何応欽《かおうきん》を総指揮官に本土にあった中央軍の大部隊を、長城線に進出させ日本軍と対峙させた。

四月十一日、関東軍はついに万里の長城を越えて関内作戦を開始した。陸軍中央は、関東軍の進攻を政府に認めさせようと努力し、また必要な一時的作戦であると関東軍の作戦を黙認した。しかし天皇は納得しなかった。四月十八日、新しく侍従武官長になったばかりの前関東軍司令官本庄繁大将を呼ぶと、強く天皇はいったのである。

「関東軍にたいし、その前進を中止させるよう命令を下してはどうか」

国際連盟を脱退したとはいえ、諸外国にたいし、中国本土には野心がない、進出しないと声明しながら、ぞくぞくと北京・天津附近にまで軍を進めていくのは、日本の信義が失われることになる、もし関東軍や陸軍中央が前進を強行するなら、勅命で戻すまでだ、と天皇の言葉はきびしかった。

さすがの陸軍中央も武官長からの報告をうけ恐れ入った。折からの、八路軍との抗争で頭がいっぱいの南京政府からの停戦の申し出もあり、また軍部としても本格的戦闘よりも、満洲国の内政を固めたいとする希望もあり、関東軍は前線司令部へ長城線内への撤退命令を発した。

五月三十一日、天津の外港である塘沽《タンクー》で、日中両軍の停戦協定が成立した。長城線を国境とし、長城線の南、中国北部の要地四十八キロにわたる非武装地帯をもうけるというものであった。中国軍はその南側に、日本軍は「自主的ニ概ネ長城ノ線ニ帰還ス」と北側へ移動することが義務づけられた。塘沽協定の締結は、一連の軍事行動の一応の終結を意味した。

こうして柳条湖爆破に発した「満洲事変」は終わった。国連脱退・孤立化という大きな代償をはらいながら、ともかくも日本帝国は事実上満洲国の存在を南京政府に認めさせたのである。実に一年八カ月。満洲での戦いで千百九十九人、上海で三千九十一人――日本軍の戦死者である。そして残されたものは「満洲国」というつぎの大戦争の火ダネとなる似非《えせ》国家であった。

そして大日本帝国はこれ以後も、湛山のいう「軽率な非国際的言動を恣に」しながら、亡国の道を突き進んでいくのである。

(18) 朝日新聞の当時の主筆であった緒方竹虎氏の戦後の回想を記しておきたい。

「僕は今から考えて見て中央の大新聞が一緒にはっきりと話合いが出来て、こういう動向を或る適当な時期に防げば防ぎ得たのではないか。実際朝日と毎日が本当に手を握って、こういう軍の政治干与を抑えるということを満州事変の少し前から考えもし、手を着けておけば出来たのじゃないかということを考える。軍というものは、日本が崩壊した後に考えて見て、大して偉いものでも何でもない。一種の月給取りにしか過ぎない。サーベルをさげて団結しているということが一つの力のように見えておったが、軍の方から見ると新聞が一緒になって抵抗しないかということが、終始大きな脅威であった。従って各新聞社が本当に手を握ってやれば、出来たのじゃないかと今から多少残念に思うし、責任も感ぜざるを得ない」（『五十人の新聞人』）

この反省は何とも無責任にも聞こえる。しかし、言論の自由が危機に瀕したとき、どういう落とし穴に注意しなければならないか、そのことを教えてくれている。つまりは、言論の自由を守るとは、石橋湛山のように、命懸けにならなければ駄目ということである。

あとがき

最初の約束どおり、日本帝国の国際連盟脱退までの、日本の言論が大きく転回したときの石橋湛山の戦いを書くことで、無事終結のはずであった。新潟県立長岡中学（現長岡高校）同窓の、後輩の編集者南翔二君は、それが不満であったらしい。せっかく昭和戦争期の湛山の言論の戦いをすべて調べたのであるからもったいない、欲をいわないからせめてエピローグ的に太平洋戦争下の湛山にも言及してくれ、と強請する。それはもう蛇足そのものだと思いながらも、頼まれればどこへでも米つきに行く律儀な越後人の血をひくものとして、少し筆をのばすことにする。

＊

昭和天皇にもっとも信頼され、首相・海相の大任をしばしば負った海軍大将米内《よない》光政《みつまさ》は、昭和十年代の歴史の流れを〝魔性〟と形容し、友人あての書簡のなかでこういった。

「魔性の歴史は人々の脳裏に幾千となく蜃気楼を現し、時代政治屋に狂態の踊を踊らせ、人々を険崖に追いつめる。しかしいつかそれが醒めてくると、誰もが狂踊の場面で幻想したことと、現実の場面で展開されたこととは、まるっきり似もしない別物であることに気づき、『ハテ、コンナ積もりではなかった』と、驚異の目を見張るようになってくる」（高田万亀子『静かなる楯・米内光政』）

昭和十二年の日中戦争から、二十年八月の太平洋戦争終結まで、日本人全体は魔性の歴史のなかを生きていた、といっていい。もちろんジャーナリズムも例外ではない、どころか、先頭に立って狂態の踊りを踊り、鐘や太鼓を鳴らしつづけた。

中小企業でしかない雑誌社の一社一社が流れに棹さしていったのには、実はその一面でやむをえない事情があるにはあった。日本全体のすみずみまでが臨戦態勢のなかに組みこまれていたからである。十五年五月には内閣は新聞雑誌用紙統制委員会設置を決定し、用紙の面からきびしく締めつけてきた。十六年一月には「新聞紙等掲載制限令」が雑誌に適用され、編集の面からも締めつけはいよいよ苛烈さを加えてきた。三月には「国防保安法」「改正治安維持法」の公布とつづいた。

そのほか国家総動員法・言論出版集会結社等臨時取締法・軍機保護法・不穏文章臨

時取締法・戦時刑事取締法など、それまでに制定されているありとあらゆる法令も加えて、言論の自由など存立しようもなかったのである。
そして昭和十六年十二月八日、太平洋戦争がはじまった。『改造』『中央公論』『日本評論』『文藝春秋』の総合雑誌四誌の編集者を中心とする日本編集者協会は、その直後の十二月十二日に会合をもち、つぎのような「決議」を一致してきめた。
《畏くも宣戦の大詔渙発せられたり　洵《まこと》に皇国の隆替　東亜興廃の一大関頭なり　吾等日本編集者会は謹《つつしみ》て聖旨を奉体し　聖戦の本義に徹し　誓って皇国将兵の忠誠勇武に応え
鉄石の意志を以て言論国防体制の完璧を期す
右決議す》
これは各誌の十七年新年号に掲載された。日本編集者協会は十六年六月に結成されたもので、好むと好まざるとにかかわらず、編集を職とするものは、これに入会しなければその資格を認められなかった。
この決議をうけて、各社の〝神がかり〟的編集者がいっせいに踊りだした。たとえば『文藝春秋』の同じ新年号にはこんな狂熱の文章が載っているのである。
「われわれは決して利敵のために雑誌を編集しているのではない。われわれはあくまで、日本国民の啓蒙、文化的向上のために雑誌を編集しているのである。大東亜戦争における言論は、……思想戦の弾丸である。それが利敵のために編集されたとすれば、その結果は明瞭である。われわれは死を確信して、敵艦を雷撃にむかう戦士の心をわれわれの心となし、目的物に自爆して突き込んで行く武人の精神をわれわれの精神として、われわれの総合雑誌を編集しなければならぬのである」

こうして言論は思想戦の弾丸であり、米英精神打破の目的をもつ武器、と信ぜられるようになった。編集者も戦士であり、身を清めて雑誌をつくらねばならないと〝みそぎ〟が強く提唱されたのである。

わが石橋湛山と『新報』ははたしてどうであったろうか。これは天晴れなくらいに時世時節に乗ろうとはしていなかった。右の決議も『新報』にかんするかぎりはなんで関係なしなのか、掲載されていない。それだけに外から、そして内からの圧力が強くかけられていたことは、『湛山回想』や昭和十八年十一月十三日号の湛山記すところの「創刊四十九周年を迎えて」の記事をみると、一目瞭然である。

東洋経済新報社は、戦時中にもかかわらず、依然として自由主義を捨てないという理由で、いわゆる軍部と称するやからから、ひどくにらまれた。軍部とは、どこに実際存在するのか、正体は全くわからぬしろものであったが、しかし、とにかく、かれらは情報局を支配し、言論出版界に絶対の権力をふるった。東洋経済新報は、この権力のもとに、その性格を改めて、かれらの気に入る雑誌社になるか、さもなければ、つぶれるほかはないという危機に立った。社内にも、私にやめてもらって、軍部に協力する態勢を取ろうではないかと主張するものが現れた。

私は、この主張に断固として反対した。私が、やめることに決して未練があるわけではない。けれども今さら私が退き、軍部に協力するというたとて、それで果して東洋経済新報が存続しうるや否や、疑問である（現にそうしたにかかわらず、結局存続し得なかった例があった）。また、かりに存続したとしても、そんな東洋経済新報なら、存続させるねうちはない。東洋経済新報には伝統もあり、主義もある。その伝統も、主義も捨て、いわゆる軍部に迎合し、ただ東洋経済新報の形だけを残したとて、無意味である。そんな醜態を演ずるなら、いっそ自爆して滅びた方が、はるかに世のためにもなり、雑誌社の先輩の意思にもかなうことであろう。私はこういう信念のもとに、あえて、がんばり、内外の圧迫に屈しなかった（『湛山回想』）。

戦後に書かれたものゆえか、客観的に淡々としているが、これが当時に書かれた「創刊四十九周年を迎えて」になると、さすがに気負いもあり、戦闘的である。

東洋経済新報は決して単なる商売で雑誌を発行しているのではない。我が誌の目的は、言論に依って国運の興隆に寄与することにある。……故にこの目的に照らして欠ける所があると云うなら、如何なる咎《とが》めでも我々は喜んで受ける。しかし理由無き外部からの要求に倉皇《そうこう》屈従し、迎合するが如きは、如何なる場合に於ても断じて国運の興隆に寄与する行動ではない。……（倉皇屈従などすれば）雑誌の発行はそれに依って便宜を加え得るとするも、東洋経済新報は精神的に亡びるであろう。

湛山は「国家への御奉公」、筆をとりつづけることが「国家にとってもいささか必要」ならんの自負をもって、戦争中も決してひるむことなく、そのときそのときにおいて最善をつくしての言論戦を展開していたのである。そのいちいちを挙げるまでもない。ここには、昭和十九年七月二十九日号の社論「東条内閣辞職の理由」をあげる。湛山の豪気の主張はこれひとつで十分に察することができる。

昭和十九年七月、絶対国防圏と称し、ここを奪取されれば戦争に勝利はないと、だれの目にも明らかなマリアナ諸島（サイパン、グアム、テニアン）が失陥した。その責を負い、昭和天皇の信頼も失って、陸軍大将東条英機を首相とする内閣は十八日に総辞職し、二十二日に陸軍大将小磯国昭を首班に新内閣が発足した。小磯は満洲事変時の、かの軍務局長である。この社論はそれをうけて書かれたもの。その当時の国内は、東条〝憲兵〟政治のはげしい巻き返しがあるのではないかと騒然としていた。

そんなときに湛山は、東条内閣倒壊の理由は「民心を喪い、広く天下の人材から見放された」ゆえと一言のもとに断じた。もとより、一般国民の責任もなしとしない。「国民の戦争観は、ひたすら武力戦の効果に期待し、戦果の発表によって士気を昂揚せしめるという狭隘な心理的基礎に立った。戦争にたいするわが国民の認識は、日露戦争時代のままに止《とどま》った」と酷評し、それで東条内閣は見捨てられた。しかし、この国民の心構えが根本的に改まらないかぎり、いくら内閣が変わっても「その内閣が前者の覆轍《ふくてつ》をふまぬとは断言し得ない」と論じきたって、つぎのようにいうのである。そのいちばん重要なところをまたまた長く引用する。

かくの如く、記者は今回の内閣交迭には、国民にむしろ大なる責任があると考えるが、しかしもちろん東条内閣自身にも、負わねばならぬ罪のはなはだ多かったことは明らかである。

第一に、政府の言論報道に対する指導方針が、前記の如き無責任な国民心理を醸成するに大いにあずかって力があったことである。このくらいの大戦争をするのに、官僚や、一部の半官機関に言論指導の権力が掌握され、はなはだしい場合には個々の出版や個人の憂国的言論までを抑圧する始末では、公明正大な堂々たる国民の戦争はできない。東条内閣は、いわば国民の口を塞ぎ、眼を閉じ、耳に蓋をした。これでは、国民の心理は消極的になり、引きずられているという感じしか抱けない道理である。

苦難の道を歩み、荆棘《けいきょく》を踏みわけて行かねばならぬ長期戦を戦い抜く為めには、言論報道に対する指導方針を改め、政府は善悪ともに事実を明らかに国民に知らしめると共に、言路洞開明朗闊達なる公議公論が、国民の間から積極的に生れ出づるようにしなければならぬ。戦局に対する批判さえも、記者はこれを許すを善しと考える。

このあと、食糧問題と軍需増産問題における東条内閣の失政をあげるが、ジャーナリスト湛山がいちばんいいたかったのは、右の〝言論に自由を〟の叫びであった。いま読めば正々堂々の正論であり、明朗闊達の公論そのものであるが、当たり前のことが当たり前のこととして通らなかった時代なのである。「戦局に対する批判さえも、記者はこれを許すを善しと考える」とは、まったく恐れも知らぬ颯爽たる啖呵、と感嘆するのみである。

どこの会社でも、社内を〝小東条〟ともいえる神がかり的跳ね上がり編集者が、肩で風を切って歩いていた。ジャーナリズムの内部は陰惨な相剋の場と化し、少しでもリベラルな考え方をもつものは敗者として追われて姿を消していた。そのときに東洋経済新報社のこの健全さなのである。石橋湛山のこの剛直さなのである。帽子をとり姿勢をただして辞儀するほかはない。

しかし、当時の官憲は礼をするどころの話ではなかった。ただちにこの社論の「全文削除」を厳命しこれに報いてきた。

あとは蛇足に加うる蛇足となる。日本帝国は勝利を完全に失ったまま戦いつづけた。二十年に入ってからは国内諸都市への空爆が苛烈化し、比島で硫黄島で沖縄で玉砕戦の悲惨が相ついだ。そのなかでの、六月一日付の湛山の日記を読むと、ある種の感慨をついつい抱いてしまう。

「昨日来、社説題目選択に悩む、神にも見離さるかに見ゆる。時局に対して言うべき所なし」

弱音や愚痴や負け犬の言を決していわない湛山にして、この寂しげな言ありなのである。『湛山全集』の編集者のひとり大原万平も「八十八年の生涯において唯一の例外ではあるまいかと思う」と評したが、わたくしもまたそう思う。

このころ湛山は秋田県横手町（現横手市）にいた。そこに小さな印刷工場が買ってあったので、東洋経済新報社の編集局の一部と工場とを、四月末に疎開させていたからである。家族もまたいっしょに疎開した。その地で湛山は、次善三善の策を求めて、社論を書きつづけた。ナチス・ドイツ降伏後の社論「ベルリン最後の光景」（六月二十三日号）の最後の数行は、多分さきに引用した日記のあとに書かれたものと思うが、日本の降伏を見越してなかなかに意味深長なものがある。

結論はかくてはなはだ平凡だが、ドイツ今日の悲境のよって来たった原因は、指導者と国民と両者に共に存したというほかはない。しかしてかかる平凡の結論の出てくる理由は、けだし国民は最後まで指導者の画策に、指導者はまた最後まで国民の奮闘に、互いに他を依頼して、いわゆる奇蹟の発生をまてるためではなかろうか。奇蹟は今日の戦争には現われない。頼るは我が実力のみ。また我々の深く覚悟を要する所だ。

その覚悟のとおり、また奇蹟も現れず、日本帝国は降伏した。湛山が天皇放送を聞いたのは、横手町においてである。

清沢洌の日記に「戦後問題に関する研究をなすように石橋君から頼まれる」（十八年九月六日）とあるように、湛山は十八年秋ごろより、敗戦後の再建構想に真剣にとり組みはじめた、といわれている。しかし、いまは主題外なのでそのことにはふれない。ふれないかわりに、いちばん感動した湛山の言葉を最後に書いておきたい。

それは昭和二十二年五月十二日付、中央公職適否審査委員会にだした「私の公職追放に対する見解」という書簡の一節にある。序章で書いたとおり湛山は公職追放の処分をとうてい許さないものとしていた。この書簡全文はそれにたいする静かな抗議といえるものであるが、とくにその九項がいい。読みすすめてそこに達したとき、眼裏が熱くなり活字がにじんでそれ以上すすめなかった。

私は昭和十九年二月、一人の男児をケゼリン島において戦死せしめた。一年遅れてその公報を受けた私は、昭和二十年二月彼のために追弔の会合を催したが、その席上でつぎの如く述べた。「私はかねて自由主義者であるために軍部及びその一味の者から迫害を受け、東洋経済新報も常に風前の灯の如き危険にさらされている。しかしその私が今や一人の愛児を軍隊に捧げて殺した。私は自由主義者ではあるが、国家に対する反逆者ではないからである」と。

私も、私の死んだ子供も、戦争には反対であった。しかしそうだからとて、もし私にして子供を軍隊に差し出すことを拒んだら、恐らく子供も私も刑罰に処せられ、殺されたであろう。諸君はそこまで私が頑張らなければ、私を戦争支持者と見なされるであろうか。東洋経済新報に対して帝国主義を支持した等と判決を下されるのは、正にそれであると私は考える。

「私は自由主義者ではあるが、国家に対する反逆者ではない」――石橋湛山の生涯は正確にこの一行のなかにあった。

＊

本文中では説明がうるさくなるのであえて書かなかったが、第五章にしきりにでてくる国際条約について簡単に注釈しておく。

九カ国条約とは正式には「中国に関する原則ならびに政策についての九カ国条約」といい、大正十一年（一九二二）二月にワシントン会議で締結された。アメリカ、ベルギー、イギリス、中国、フランス、イタリア、日本、オランダ、ポルトガルがその九カ国で、大正十四年に発効した。中国の主権・独立・領土ならびに行政的保全を約束し、また中国における門戸解放・機会均等を有効に適用するための各国の義務を規定したものであった。

不戦条約は、昭和三年（一九二八）八月にパリで調印された「戦争放棄に関する条約」で、または提案者の名からケロッグ・ブリアン条約ともいう。各国の批准をへて翌年七月に発効した。アメリカ、イギリス、フランス、ドイツ、イタリア、日本をはじめ十五カ国が加わっている。第一条にはこうある。「条約国は各《おのおの》その人民の名において、国際紛争解決のため、戦争に訴うることを罪悪と認め、かつその相互の関係において国策の手段としての戦争を放棄することを厳粛に宣言す」。そしていっさいの国際紛争は平和的手段によってのみ解決することを約したのである。

また、しばしば新聞が問題にした国際連盟規約第十五条第四項とは、「紛争解決に至らざるときは、連盟理事会は、全会一致または過半数の表決に基づき、当該紛争の事実を述べ公正かつ適当と認むる勧告を載せたる報告書を作成し、これを公表すべし」というものであった。つまり特別十九人委員会はこの条項によって昭和八年二月十四日に勧告案を決定したわけである。そしてこの勧告案は、満洲事変にかんする事実認識において、リットン調査団の報告書を採用していたのである。

＊

お断りしておきたいのは、引用の石橋湛山の論説、新聞の社説などは正確に発表時の原文どおりではないということである。若い人にも読みやすいようにと考え、不作法ながら常用漢字、新カナに改めた。句読点をほどこしたのもあり、漢字を仮名書き（例＝〈其〉を《その》、〈仮令〉を《たとえ》など）に改めたのもある。ところどころ中略もした。文献的には参考にならないことを、つまり、わたくしが市井の歴史探偵であって、学者や研究者でないゆえと、あらかじめお許し願っておく。

それと戦前の日本の〝狼的国家〟を物語るかのように、「支那」をはじめとして差別的用語が引用の文章中には多々あった。しかし、当時の歴史的事実としてそういう表現のあったということを隠蔽し、勝手に手を加えることは歴史に忠実とはいえない。それに記録の真実性を失うことにもなる。もとより差別を容認するものではなく、あらゆる差別のなくなるよう努めるべきと考えるが、右の理由により「中国」などと表現の変更は行わなかった。読者各位のご賢察をお願いする。

調査資料としての参考文献は、次頁より掲げる。著者ならびに出版社に、大いに参考にさせていただいたことを、蕪雑《ぶざつ》ながらお礼を申しあげる。

これで熱心この上のない中学後輩との約束をはたすことができた。やれやれである。あまりに中途半端なものゆえ、泉下の湛山先生は苦笑されているかもしれないが……。

一九九五年六月十三日

半藤　一利

参考文献（本文中に明記した一部は除いた）

『石橋湛山全集』第七、八、九、十二巻（東洋経済新報社）
松尾尊兊編『石橋湛山評論集』（岩波書店）

伊藤隆『昭和初期政治史研究』（東大出版会）
江口圭一『十五年戦争の開幕』（小学館）
緒方貞子『満州事変と政策の形成過程』（原書房）
小島直記『異端の言説・石橋湛山』（新潮社）
後藤孝夫『辛亥革命から満州事変へ』（みすず書房）
三枝重雄『言論昭和史』（日本評論新社）
茶本繁正『戦争とジャーナリズム』（三一書房）
塚本三夫『実録　侵略戦争と新聞』（新日本出版社）
前坂俊之『兵は凶器なり』（社会思想社）
増田弘『石橋湛山研究』（東洋経済新報社）
増田弘『侮らず、干渉せず、平伏さず』（草思社）

稲葉正夫ほか編『太平洋戦争への道』第二巻（朝日新聞社）
鶴見俊輔ほか編『日本の百年』第四巻（筑摩書房）
増田弘編『小日本主義』（草思社）
原田熊雄述『西園寺公と政局』第二、三巻（岩波書店）
荒瀬豊「日本軍国主義とマス・メディア」（雑誌『思想』三三九号）
池井優「一九三〇年代のマスメディア」（三輪公忠編『再考　太平洋戦争前夜』（創世紀社））
江口圭一「山東出兵・〝満州事変〟をめぐって」（井上清ほか編『大正期の急進的自由主義』（東洋経済新報社））
掛川トミ子「マス・メディアの統制と対米論調」（細谷千博ほか編『日米関係史』第四巻（東大出版会））
判沢弘「昭和期リベラルの抵抗と主義」（雑誌『思想』）

石橋湛山略年譜

石橋湛山の詳細な年譜は、『石橋湛山全集』（東洋経済新報社刊）第一五巻に収められている。

明治一七年（一八八四）

九月二五日、東京市麻布区芝二本榎一丁目一八番地（現在の東京都港区高輪二丁目八番地）に、父杉田湛誓と母きんの長男として出生。幼名省三。母方の姓石橋を継ぐ。父湛誓は、当時日蓮宗東京大教院（芝二本榎所在の承教寺内に設置）の助教補であった。

明治一八年（一八八五）　一歳

三月、父湛誓が、山梨県南巨摩郡増穂《ますほ》村（現在の富士川町）の昌福寺住職に就任するにともない、母きんとともに甲府市稲門《いなかど》（現在の甲府市伊勢町）に転居。

明治二二年（一八八九）　五歳

四月、稲門尋常小学校に入学。

明治二四年（一八九一）　七歳

一〇月、昌福寺の父のもとに引きとられ、増穂尋常高等小学校に転校（第三学年）。一二月二三日、妹（長女）とし、出生。

明治二六年（一八九三）　九歳

三月一日、弟（次男）義朗、出生。同月、増穂尋常高等小学校尋常科（四年）修了。四月、同校高等科に進む。

明治二七年（一八九四）　一〇歳

九月、父湛誓（日布と改名）、静岡県池田の日蓮宗本山本覚寺住職に就任のため、山梨県中巨摩郡鏡中条村（現在の南アルプス市）の長遠寺住職望月日謙に預けられ、鏡中条尋常高等小学校に転校（高等科第二学年）。

明治二八年（一八九五）一一歳

三月、鏡中条尋常高等小学校高等科第二学年修了。

四月八日、望月日謙に就き得度。この月、山梨県立尋常中学校（のち、山梨県立第一中学校と改称）に入学（当時の校長黒川雲登）。

明治二九年（一八九六）一二歳

三月三〇日、弟（三男）湛正、出生。

明治三四年（一九〇一）一七歳

二月一日、妹（三女）とよ、出生。

三月二六日、大島正健（札幌農学校第一回卒業生）が校長として赴任。

四月、第五学年に進級。

明治三五年（一九〇二）一八歳

三月八日、省三を湛山と改名。この月、山梨県立第一中学校を卒業。

七月、第一高等学校入学試験を受け、不合格。

一〇月、望月日謙のすすめで、山梨普通学校（当時甲府市に所在）の助教となる。

明治三六年（一九〇三）一九歳

七月、再度第一高等学校入学試験を受け、不合格。

同月、早稲田大学高等予科の編入試験に合格。

九月、同予科に入学。

明治三七年（一九〇四）二〇歳

七月一三日、早稲田大学高等予科を修了。

九月、早稲田大学大学部文学科（部）哲学科に入学。

明治三八年（一九〇五）二一歳

九月、哲学科第二学年に進級し、田中喜一（王堂）の倫理学史を受講。

明治三九年（一九〇六）二二歳
八月四日、母きんの隠居により家督相続。

明治四〇年（一九〇七）二三歳
七月、早稲田大学大学部文学科を首席で卒業。特待研究生に推薦され、宗教研究科に進む。

明治四一年（一九〇八）二四歳
七月、宗教研究科を修了。
一二月、東京毎日新聞社（明治三年創刊の横浜新聞の後身）に入社、社会部に配属。

明治四二年（一九〇九）二五歳
一月、社会部から学芸担当に転ず。
七月、徴兵検査を受け、甲種合格。
八月、東京毎日新聞社の内紛による主筆田中穂積の引退に殉じて同社を退社。

一二月一日、第一師団歩兵第三連隊に一年志願兵として入営。

明治四三年（一九一〇）二六歳
三月一〇日、大杉潤作・大屋徳城・小沢一と共同執筆の著作『世界の宗教』を大日本文明協会編として刊行。
一一月三〇日、歩兵第三連隊を軍曹で除隊。

明治四四年（一九一一）二七歳
一月一日、東洋経済新報社に入社。同社刊行の社会評論雑誌『東洋時論』（明治四三年五月創刊）の編集を担当。

明治四五年（大正元）（一九一二）二八歳
一〇月、『東洋時論』が第三巻第一〇号をもって廃刊となったため、『東洋経済新報』に転ず。
一一月二日、新報主幹三浦鉄太郎・貞夫妻の媒酌で岩井尊記三女うめと結婚。本所区（現在の江東区）錦糸町に間借す。
一二月、憲政擁護運動の魁となった憲政作振会の創設に参加。

大正二年（一九一三）　二九歳
一月一日、陸軍歩兵少尉に任官、予備役に編入。
四月、牛込区（現在の新宿区）原町の借家に転居。
七月、島村抱月の芸術座結成に参画。
八月一五日、長男湛一、出生。
一一月、東京市外高田村雑司ヶ谷三一番地（現在の豊島区雑司ヶ谷一丁目）に転居。

大正三年（一九一四）　三〇歳
五月、自由思想講演会の設立に参画。
八月二五日、市外戸塚町諏訪町中通一〇三番地（現在の新宿区戸塚町）に転居。

大正四年（一九一五）　三一歳
八月一一日、小石川区（現在の文京区）高田豊川町五八番地に転居。
一一月一三日、東洋経済新報社の合名社員に選任（代表社員三浦銕太郎）。

大正五年（一九一六）　三二歳
一月一四日、長女歌子、出生。
八月五日、末妹とよ、病没。

大正六年（一九一七）　三三歳
六月、早稲田大学に騒動起こり（〜一一月）、天野為之学長擁護に活動。

大正七年（一九一八）　三四歳
三月二五日、次男和彦、出生。

大正八年（一九一九）　三五歳
三月、普通選挙期成同盟会の結成に参画。
九月一四日、鎌倉町海岸通りに転居。
一〇月二七日、米穀専売研究会の結成に参画。

大正一〇年（一九二一）　三七歳

七月二二日、太平洋問題研究会の結成に参画。
九月、軍備縮小同志会の結成に参画。
一一月二二日、東洋経済新報社が株式会社に改組され、取締役に選任。

大正一一年（一九二二）　三八歳

七月一日、鎌倉町大町蔵屋敷七〇五番地（現在の鎌倉市御成町二〇番地）に新築転居。

一一月八日、金融制度研究会（現在の金融学会の母体）の創設に参画。

大正一二年（一九二三）　三九歳

九月一日、関東大震災により、居宅被災。
九月一四日、鎌倉臨時復興委員会委員を委嘱。

大正一三年（一九二四）　四〇歳

一月三日、湘南倶楽部（信用購買利用組合）の設立に参画し、常務理事に選任。
九月一〇日、鎌倉町町会議員選挙において第三位（定員二四名）で当選。
一一月二一日、父日布、日蓮宗総本山身延山久遠寺の法主（第八一世）に推戴。
一一月二四日、横浜高等工業学校（現在の横浜国立大学工学部）の経済学講師を委嘱。
一二月、三浦銕太郎のあとをうけて、東洋経済新報主幹に就任。

大正一四年（一九二五）　四一歳

一月二五日、東洋経済新報社代表取締役・専務取締役に就任。

昭和二年（一九二七）　四三歳

七月二五日、『新農業政策の提唱』を東洋経済新報社より刊行。

昭和三年（一九二八）　四四歳

八月一三日、鎌倉町町会議員を任期満了により辞任。

昭和四年（一九二九）　四五歳
七月一三日、『金解禁の影響と対策』を東洋経済新報社より刊行。
昭和五年（一九三〇）　四六歳
七月二〇日、「日本金融史」（『経済学全集』第三一巻「日本経済史」所収）、改造社より刊行。
一二月七日、父日布、布教活動中病に倒れ、療養先の沼津市にて没。
昭和六年（一九三一）　四七歳
六月一〇日、経済倶楽部が創立され、常任委員に選任。
昭和九年（一九三四）　五〇歳
八月三一日、平凡社より『我国最近の経済と財政』（「実際経済問題講座」第二巻）刊行。
昭和一〇年（一九三五）　五一歳
九月一八日、内閣より内閣調査局委員に任命。
昭和一一年（一九三六）　五二歳
九月一五日、『日本金融史』（「現代金融経済全集」第一二巻）を改造社より刊行。
九月一八日、商工省の重要産業統制運用委員会臨時委員に任命。
昭和一二年（一九三七）　五三歳
七月一日、企画庁参与に任命。
一一月一二日、『激変期の日本経済』を東洋経済新報社より刊行。
昭和一三年（一九三八）　五四歳
四月二二日、商工省より中央物価委員会委員に任命。
五月一九日、企画院より企画院委員に任命。
九月二八日〜一〇月四日、朝鮮へ講演旅行。
昭和一四年（一九三九）　五五歳

一月一九日、商工省より商工省専門委員に任命。
二月二二日、評論家協会が結成され、同協会会計監督に選任。
七月二九日、商工省より中小産業調査会委員に任命。
一二月一日、長男湛一、歩兵第一連隊に入営。
一二月八日、長男湛一、中国に出征。
昭和一五年（一九四〇）　五六歳
四月五日、商工省より価格形成中央委員会委員に任命。
四月二九日〜六月一四日、朝鮮・満州旅行。
一〇月二一日、長女歌子、千葉皓と結婚。
一一月三〇日、東洋経済研究所が設立され、その所長・理事に就任。

昭和一六年（一九四一）　五七歳
二月一五日、東洋経済新報社の社長制新設にともない代表取締役社長に就任。
二月二六日、『満鮮産業の印象』を東洋経済新報社より刊行。
一二月八日、太平洋戦争勃発。

昭和一七年（一九四二）　五八歳
七月一〇日、『人生と経済』を理想社より刊行。
九月三〇日、次男和彦、海軍経理学校に補習学生見習尉官として入校。

昭和一八年（一九四三）　五九歳
一月三〇日、次男和彦（海軍主計中尉）、南方に出征。
三月二六日、内閣から有価証券取引委員会委員に任命。
六月一七日、通貨制度研究会が発展解消して金融学会（会長山崎覚次郎）が設立され、常任理事に就任。

昭和一九年（一九四四）　六〇歳
二月六日、内南洋ケゼリン島玉砕伝えられ、次男和彦、戦死と信ぜられる。享年二六歳。

八月一七日、大蔵省より貯蓄制度運営委員会委員を委嘱。

一〇月、大蔵大臣石渡荘太郎にすすめて、戦後日本経済再建研究を目的とする戦時経済特別調査室が大蔵省内に設置。

昭和二〇年（一九四五）　六一歳
三月一〇日、早朝の大空襲で東京芝の居宅焼失。

四月二八日、空襲の激化に対処するため、東洋経済新報社の編集局の一部と組版工場を秋田県横手町（現在の横手市）に疎開することに決し、妻うめ、長女歌子、孫朝子、同総子を同伴して出発。

五月七日、内閣より資金吸収特別方策委員会委員を委嘱。

五月一五日、内閣より戦時物価審議会専門委員を委嘱。

六月一六日、内閣より大蔵省行政委員を委嘱。

六月二五日、大蔵省より戦時財政参画委員を委嘱。

八月一五日、正午、天皇の終戦詔書放送を聞く。午後三時より横手経済倶楽部会員有志を支局に集め、新事態について「大西洋憲章、ポツダム宣言に現われたる連合国対日方針と日本経済の見透し」と題して講演。

八月二一日、横手での編集業務を停止し、それを東京本社に移転。

八月二八日、大蔵省より戦後通貨対策委員会委員を委嘱。

一一月九日、この日結成された自由党

（総裁鳩山一郎）の顧問に就任。

一一月一七日、商工省参与を委嘱。

一二月一日、大蔵省より金融制度調査会委員を委嘱。

昭和二一年（一九四六）　六二歳

二月五日、内閣より中央経済再建委員会委員を委嘱。

二月六日、大蔵省・外務省より閉鎖機関保管委員会委員を委嘱。

二月八日、内閣より中央企業経理調査委員会委員を委嘱。

三月一四日、山川均提唱の民主人民連盟世話人会に出席（四月七日、日比谷における民主人民戦線演説会で演説）。

四月一〇日、第二二回衆議院議員選挙において落選（選挙区東京第二区）。

四月一二日、終戦連絡中央事務局参与に任命。

五月二二日、第一次吉田茂内閣成立し、大蔵大臣に就任。

五月二三日、東洋経済新報社代表取締役社長を辞任。

昭和二二年（一九四七）　六三歳

一月三〇日、「二・一ゼネスト」につき、NHKラジオ放送にて、ゼネストの中止を訴える。

一月三一日、内閣改造で、経済安定本部総務長官、物価庁長官兼任。

四月二五日、第二三回衆議院議員選挙において当選（静岡県第二区）。

五月八日、GHQより内閣に対して、公職追放G項該当者に指名する旨の覚書が出る。

五月一七日、内閣より公職追放指令発表。

五月二〇日、第一次吉田内閣の総辞職にともない、大蔵大臣を辞任。

一〇月二〇日、中央公職適否審査委員会および中央公職適否審査訴願委員会に、「私の公職追放の資料に供されたと信ずる覚書に対する弁駁」を提出。

一一月一一日、自由思想協会を設立。

一二月一八日、仮寓先島村一郎邸から新宿区下落合四丁目一七一二番地に転居。

昭和二四年（一九四九）　六五歳

一〇月一九日、自由思想協会事務所を閉鎖。

昭和二六年（一九五一）　六七歳

六月二〇日、公職追放解除発表（発効六月二六日）。

七月三日、政令諮問委員会委員を委嘱。

九月二九日、河野一郎とともに自由党（総裁吉田茂）から反党活動を理由として除名通告を受ける。

一〇月一日、第二五回衆議院議員選挙において当選（静岡県第二区）。

同月、『湛山回想』を毎日新聞社より刊行。

一一月二七日、東洋経済新報社の相談役に就任。

一二月一日、立正大学学長に就任。

一二月一六日、自由党議員総会において、復党承認。

昭和二八年（一九五三）　六九歳

三月一四日、自由党分党（鳩山派自由党）結成され、入党。

四月一九日、第二六回衆議院議員選挙において当選（静岡県第二区）。

一一月二九日、自由党と鳩山派自由党との合同が成り、自由党に復帰。

昭和二九年（一九五四）　七〇歳

五月二九日、新党結成促進協議会総会開催。保守新党結成運動発足。

一一月二四日、日本民主党（総裁鳩山一郎）結成され、最高委員に選任。

一二月一〇日、第一次鳩山内閣成立、通商産業大臣に就任。

昭和三〇年（一九五五）　七一歳

二月二七日、第二七回衆議院議員選挙において当選（静岡県第二区）。

三月一九日、第二次鳩山内閣成立し、通産大臣に留任。

一一月二二日、第三次鳩山内閣が成立し、通産大臣に留任。

昭和三一年（一九五六）　七二歳

一二月一四日、自由民主党大会において、決選投票の結果、総裁に選出。

一二月二〇日、第三次鳩山内閣総辞職し、衆参両院において、内閣首班に指名。

一二月二三日、石橋湛山内閣成立。

昭和三二年（一九五七）　七三歳

一月六日、日蓮宗権大僧正に叙任。

一月二五日、急性肺炎により倒れ、臥床。

一月三一日、早期治療の見込みが立たず、総理大臣臨時代理に外務大臣岸信介を指名。

二月二二日、書翰を総理大臣臨時代理岸信介と自由民主党幹事長三木武夫におくり、総理大臣および党総裁辞任の意向を表明。

二月二三日、石橋内閣総辞職、総理大臣を辞任。

二月二七日、聖路加病院に入院（四月一三日退院）。

九月二〇日、『サラリーマン重役論』を竜南書房より刊行。

一〇月二〇日、早稲田大学より名誉博士号を授与。

昭和三三年（一九五八）　七四歳

五月二二日、第二八回衆議院議員選挙において当選（静岡県第二区）。

昭和三四年（一九五九）　七五歳

三月一五日、『日本経済の針路』を東洋経済新報社より刊行。

八月二八日、中国国務院総理周恩来より訪中招請状来届。

九月七日～二六日、中国を訪問し、毛沢東・周恩来をはじめ同国首脳者と会談。二〇日、石橋＝周共同声明を発表し、日中両国の友好親善を約す。

昭和三五年（一九六〇）　七六歳

四月、岸首相宛の改定安保条約審議延期の親書を認める。

五月二〇日、国会にて安保改定条約強行採決される。松村謙三の来訪を求め、岸首相の退陣の要求を托す。

六月六日、東久邇・片山両元首相と会談し、岸首相への辞職勧告を決し、勧告文を使者に托す。

九月二一日、日ソ協会会長に就任。

一一月二〇日、第二九回衆議院議員選挙において当選（静岡県第二区）。

昭和三六年（一九六一）　七七歳

六月一五日、日中米ソ平和同盟案を発表。

昭和三八年（一九六三）　七九歳

九月二四日～一〇月二三日、日本工業展覧会総裁として、訪中。

一一月二一日、第三〇回衆議院議員選挙において、落選。

昭和三九年（一九六四）　八〇歳

四月二九日、勲一等旭日大綬章を授与。

五月一九日、日本国際貿易促進協会総裁に就任。

九月二二日～一〇月一三日、ソ日協会会長ネステロフ、ソ連対外友好連絡団体連合会会長ポポアの招請により訪ソ。

昭和四三年（一九六八）八四歳

三月三一日、立正大学学長を辞任、名誉学長に推される。

昭和四五年（一九七〇）八六歳

二月一七日、肺炎治療のため聖路加病院に入院する。

一〇月二〇日、『石橋湛山全集』（全一五巻）刊行開始。

昭和四六年（一九七一）八七歳

六月一日、聖路加病院を退院、鎌倉宅にて静養する。

六月二日、妻うめ、聖路加病院に入院。

八月九日、妻うめ、聖路加病院にて死去。享年八三歳。

昭和四七年（一九七二）八八歳

七月一四日、鎌倉より東京落合の自宅に帰り療養す。

九月一〇日、『石橋湛山全集』完結する。

昭和四八年（一九七三）

四月二五日、自宅において死去。享年八八。

四月二八日、池上本門寺において葬儀。

五月一三日、築地本願寺において自由民主党葬。

新版へのあとがき

正直なところをいうと、戦前の日本ジャーナリズム批判として、この本を書いたのである。石橋湛山論としても、あるいは小伝としても、いささか中途半端なのはそのためである。が、これを書いたためか、その後はむしろ石橋湛山その人について書いたり話したりする機会が多くなった。日本の現代政治が頼りなくなると、いや、日本のこれからのあり方が混迷してくると、石橋湛山のような清廉にして気骨あり、かつ先見の明に富んだ人物への学習と期待と憧憬が、日本人の胸中にひとしく湧出するゆえにであろう。たしかに湛山は近代日本のバックボーンを形成した優れたひとりとして、もう少し多くの人に知られて然るべきである。

ところが、逆に三浦銕《てつ》太郎、石橋湛山とつらなる小日本主義の系譜に異をとなえる論説が、ちかごろはしきりと見られるようになっている。たとえば、「無駄になってしまったものもあるけれど、やっぱり大規模な都市計画をやったり、産業を作ったりという満洲経験が、岸（信介）、椎名（悦三郎）といった固有名詞も含めた意味で、戦後日本の繁栄の基礎を作ったんだと思う」（『二十世紀　日本の戦争』文春新書の福田和也氏の発言）というような言葉を読ませられると、われとわが目を疑ってしまう。ヘエー、そんな見方が成立するのかなと、首を傾げてしまう。

わたくしなんかには、戦後日本の繁栄というものはそうした満洲体験なんかではなく、戦争の教訓として学んだ商業立国主義・各国との相互援助主義・平和主義によるもの、とみるほうが正しいのではないか、と考えられるからである。狭い領土にこだわらず、世界を領土として自由貿易により生きる、それが戦後日本の大いなる成功を見た。つまり、明治このかたの大日本膨張主義よりも、むしろ湛山の小日本主義が資源貧弱国日本にはいちばんふさわしい生き方であった、そう証明してくれているように思えるのである。

そう書きながら、石橋の小日本主義の根底には、経済合理性への信念がある、あなたにはそれが本当に理解できているのかなあ、という裏の声が聞こえないでもない。なにしろこの本には、経済学者としての湛山は一行も書かれていないのであるから。

余計なことながら、新版刊行を機に、ちかごろの小日本主義否定論の有力化についで、「違っていると思うよ」と一言いっておく。

＊

再刊を機に、数カ所に補遺を加えた。一度、きちんとした作品にした（と、本人は考えている）ものに、何かを押し込み追加するのは、論理のバランスを崩すようでなかなか面倒な作業となる。それで、補遺としたわけであるが、あるいは蛇足であったかも知れない。少しでもプラスになってくれればいい、と思っている。

こうした追加の作業も、長岡高校同窓の編集者南翔二くんの、いかにも越後人らしい粘りに粘る、熱心な気質の勝利というところである。

二〇〇〇年十二月

半藤　一利

本書は、一九九五年、東洋経済新報社より刊行され、一九九九年、中公文庫に収録された。さらに二〇〇一年二月、東洋経済新報社より『戦う石橋湛山　新版』として刊行され、二〇〇八年一月に『戦う石橋湛山　新装版』として再刊された。本文庫版は「新装版」を底本とし、一部を訂正削除した。

ちくま文庫

戦《たたか》う石橋湛山《いしばしたんざん》

二〇一九年四月十日　第一刷発行
二〇二四年九月十日　第三刷発行

著者　半藤一利（はんどう・かずとし）

発行者　増田健史
発行所　株式会社　筑摩書房
東京都台東区蔵前二―五―三　〒一一一―八七五五
電話番号　〇三―五六八七―二六〇一（代表）
装幀者　安野光雅
印刷所　信毎書籍印刷株式会社
製本所　株式会社積信堂

ISBN978-4-480-43588-0　C0121